CARTEIRO IMATERIAL

Marco Lucchesi

CARTEIRO IMATERIAL

1ª edição

Rio de Janeiro, 2016

CIP-BRASIL. CATALOGAÇÃO NA PUBLICAÇÃO
SINDICATO NACIONAL DOS EDITORES DE LIVROS, RJ

Lucchesi, Marco, 1963-

L967c   Carteiro imaterial / Marco Lucchesi. – 1ª ed. – Rio de Janeiro: José Olympio, 2016.

Notas

ISBN 978-85-03-01276-8

1. Ensaio brasileiro. I. Título.

	CDD: 869.94
16-33077	CDU: 821.134.3(81)-4

Copyright © Marco Lucchesi, 2016

Trechos de Guimarães Rosa: Copyright © Nonada Cultural

Capa: Túlio Cerquize
Foto do autor: Gustavo Stephan

Este livro foi revisado segundo o novo Acordo Ortográfico da Língua Portuguesa.

Todos os direitos reservados. Proibida a reprodução, armazenamento ou transmissão de partes deste livro, através de quaisquer meios, sem prévia autorização por escrito.

EDITORA JOSÉ OLYMPIO LTDA.
Rua Argentina, 171 – 3º andar – São Cristóvão
20921-380 – Rio de Janeiro, RJ
Tel.: (21) 2585-2060

Seja um leitor preferencial Record.
Cadastre-se e receba informações sobre nossos lançamentos e promoções.

ISBN 978-85-03-01276-8

Impresso no Brasil
2016

À memória

de Israel Pedrosa e Solomon Marcus

Para George Popescu e Ciprian Vălcan

sumário

Aviso de Entrega 9

CARTEIRO IMATERIAL

Caro Cheikh Hamidou Kane 13

Daruish: dialeto ou árabe clássico? 19

Direitos linguísticos 26

Do Mediterrâneo viemos: carta ao poeta Ataol Behramoğlu 32

Soft Islam 35

Tragédia na Síria 40

POSTAIS ROMENOS

Mincu: diário de Drácula 53

Cioran ou da dissolução 56

A interlíngua de Ghérasim Luca 60

George Bacóvia: agenda de tradução 63

Luceafărul/ Vésper/ Eminescu 68

Tardes de Alba Iulia 78

A leste do Tibre 80

RASTREAMENTO

JGR: sertão ocultado demais 87

Dante: elogio da transparência 93

Projeções de Omār Khayyām 96

Fausto no Brasil 99

A dromologia do *Orlando Furioso* 110

Montaigne: uma ética da tradução 117

T. S. Eliot e o pantempo 120

MAL-TRAÇADAS LINHAS

Cleonice Berardinelli: 100 anos 125

Puro e disposto, Alfredo Bosi 127

Kerido Evanildo Bexara 130

Ubaldo e Policarpo 132

POSTA-RESTANTE

As cidades de Ferreira Gullar 137

Ao lado de Vera, Alberto 139

Merquior: verso e reverso 142

Mistero buffo de Ariano 145

Boff: elogio do inacabado 147

Ungaretti: invenção da poesia moderna 150

CAIXA POSTAL

Biblioteca Nacional 200 anos: uma defesa do infinito 155

Futuro do passado 159

Lágrimas de Xerxes 161

Políticas da memória 163

Crônicas de Euclides 165

Rio de Janeiro 450 anos: uma história do futuro 168

ENDEREÇO DESCONHECIDO

Aquiles e a tartaruga 173

Notas 177

Obras do autor 209

Aviso de Entrega

Caro leitor,

Estas páginas abraçam um conjunto de dúvidas ferozes (selva e labirinto), uma panóplia de indagações, um punhado, ou malta, de fantasmas errantes, que me assombram, precedem e iluminam. Não todos, que são muitos, mas parte deles, que me dão a música de fundo, o baixo obstinado.

Como ilustrar este livro, senão com a espiral logarítmica, que te busca, que te indaga — caro leitor ideal —, ao fugir do próprio centro, com os braços de uma galáxia de ideias, ou com o ciclone de múltiplos apelos?

Põe aqui teus fantasmas — para que se encontrem com os meus. Verás como se parecem nossas ruínas, à espera de um anjo sutil, que torne mais próximos nossos grafites nas paredes do tempo. Aceite o meu abraço amigo.

carteiro imaterial

Cada dia
é uma carta.

Reiner Kunze

Caro Cheikh Hamidou Kane

Escrevo para dizer que vamos bem ao sul do Atlântico e de Deus. Algo inquieto com os desafios que se prolongam diante de nossos olhos, assaltados por uma chuva de perguntas, diante da qual não temos resposta. Alguém disse que o futuro duraria muito tempo, razão pela qual precisamos lidar desde agora com suas variantes potenciais. Não apenas com aquelas de ordem política e econômica, mas, sobretudo, com as de ordem cultural, que regem o diálogo entre os povos.

Desejo mostrar como e quanto suas reflexões ainda se impõem em tempos de baixa modernidade.

Volto às páginas de sua *Aventura ambígua*, romance doloroso, que marcou mais de uma geração de intelectuais, com aquele ar irrespirável, por onde se move o protagonista Samba Dialo, depois de perder suas raízes profundas e, por extensão, o sul e a fé. Uma personagem realmente fracionada. Penso em Dialo como quem arrebanha uma gazela, morto de fome, impiedoso, e com um brilho estranho nos olhos; como quem sabe que o futuro é um apelo de fogo, e já se imagina fênix, a ressurgir das cinzas do passado; como quem desperta de um infinito abandono, em mil pedaços. Dividido entre África e Europa. Tão exilado nas vísceras do *entre*!

Os tempos mudaram, Hamidou. O Atlântico e o Mediterrâneo já não são os mesmos. Olhamos cada vez mais para a África e dentro dela nos reconhecemos. Alberto da Costa e Silva propôs uma nova leitura do Atlântico, não como oceano, mas como rio, um novo Amazonas, para tecer um conjunto de aproximação entre nossos países. Essa hermenêutica fluvial, fundada por Gilberto Freyre, nos anos trinta do século passado, e retomada por Alberto, encarna uma leitura participativa dos laços vigorosos que nos prendem.

E libertam.

Acho que você aprecia essa ideia, que se impõe por si mesma, tornando mais abrangente a reflexão.

Quando menino, eu imaginava a África pouco além do horizonte de Copacabana. Um passeio de lancha seria suficiente para alcançá-la. Dava como certo que não era longe. Somente agora vejo que não errava. O rio Atlântico avança, Brasil adentro, com todas as áfricas dispersas e plurais. O Norte, o Chifre, as areias de Tamanrasset e Timbuctu, bem como o Índico e as noites de plenilúnio narradas por Rui Knopfli. A língua portuguesa, meu caro amigo, deve muitos de seus tesouros ao universo magrebino e subsaariano, de cuja herança logramos uma forma algo mais dúctil. Podemos dizer *recife* ou *arrecife*. Certas partes do corpo, cheias de colorido, que pronunciamos em segredo. E o modo de tornar macias as palavras, de que o pronome de tratamento *você* é dos mais clamorosos. Os africanos arrancaram — ainda com Gilberto Freyre — as espinhas da língua portuguesa, tal como quando davam de comer aos meninos, tirando com o devido cuidado aquelas do peixe.

Sei que você aprecia essa imagem, meu caro Hamidou, amigo que é das metáforas. Confundem-se peixes e palavras, sob o signo de uma interpretação líquida. E podia oferecer outros exemplos, que, de tão conhecidos, arriscaria repisar conceitos que dizem o que fomos, mas não abrem espaço para as formas potenciais a que aludimos.

De minha parte, lembro-me do encontro no Cairo com Nagib Mahfuz, das viagens ao Marrocos e à Mauritânia, quando me entregava aos estudos da língua árabe e do islã. Vieram depois amigos e poetas, diversos entre si, como os de Angola e Guiné-Bissau, Cabo Verde, Moçambique, São Tomé e Príncipe. Tenho para mim que os brasileiros sentem saudades de dom Sebastião. Sentem, sem perceber. E dizem saudade. Não para restaurar o Quinto Império, como quis Antonio Vieira, com sua notável *História do futuro*. Antes, um Sebastião desprovido de cetro, livre dos sinais de poder, como se encarnasse a promessa de um diálogo ecumênico, do qual restasse apenas a metáfora em estado puro.

A imagem do Desejado. E das naus que o procuram em todas as latitudes. Pensei na metáfora de Portugal rodando a África, para descrever o momento em que recuperei a consciência, no hospital Santa Cruz. Eis o poema do livro *Meridiano celeste & bestiário*:

Vestígios de mar
na cerração do hospital
vejo as costas de Benin e
Moçambique
Sou um navio
desapossado
preso a liames
e cordoalhas
Içam
da garganta
a âncora
que baixaram de madrugada

A voz

do médico

ao longe

Você sabe

onde está?

Claro que sim
estou
em mar português

e o Patriarca de Lisboa
manda lembranças
ao Samorim

Precisamos recobrar a consciência — não necessariamente hospitalar — da história, de hospital metafórico, para aderir em plenitude à saúde dos extratos do Brasil que se acercam das partes da África. O apelo do futuro tem aberto vários indícios. Precisamos uns dos outros, Hamidou, porque há elementos identitários, que mal se revelaram entre nossos povos e que apenas a mútua compreensão poderá resgatar, de modo contundente, senão inesperado, os *Zaires* e *Calaáris*, que nos formaram, *num ritmo claro de África*, segundo Agostinho Neto:

> A liberdade nos olhos
> o som nos ouvidos,
>   das tuas mãos ávidas sobre a pele do
> tambor
> num acelerado e claro ritmo
> de Zaires Calaáris montanhas de luz
> vermelha de fogueiras infinitas nos capinzais
>   violentados
> harmonia espiritual de vozes tam-tam
> num ritmo claro de África.

O conceito de liberdade a que se refere Agostinho é o ponto nevrálgico do diálogo em que tanto devemos insistir. Pouco importa onde nascemos, Hamidou. A identidade é ponto de partida, não de chegada. É pano de fundo, não um *script* fechado. Preciso do outro para alcançar-me. Já não me basta o princípio de não contradição. Gosto do poema "Naturalidade", de Ana Mafalda, quando diz justamente:

> Chamam-me europeia ou africana, que fazer senão calar? Meus versos livres, livres xingombelas, livres pomos, voam sem chão, neste chão que trago por dentro da casa móvel que me atravessa o sonho. Muito por dentro de todas as paisagens acorda aí esse teu, este meu, quebranto dolente, luz que as tardes em brasa levantam na alma acordada em seu abrupto amanhecer. É provável e é certo ser este meu corpo entrançado de liana e liamba uma trepadeira de nuvens em que o arco-íris morde a cauda de muitos céus em desvario, porque a alma sem sossego acasala seres bifrontes, monstros de um Hermes apátrida. [...] acesa, pátria minha, passaporte, naturalidade, só uma, a poesia.

Estamos com Ana Mafalda. Nossa identidade é felizmente ambígua e multifária, como a de um mosaico de luzes e células sonoras, em cujo quadro nos reconhecemos, ainda que não identifiquemos ao certo a origem de cada parcela que nos reveste.

Somos feitos de um tecido poroso, Hamidou, "somos trezentos. Somos trezentos e cinquenta". E a poesia é a pátria pela qual somos habitados. Mais que uma geografia política, trata-se de uma geolírica.

Nessa chave cultural, tenho pensado cada vez mais intensamente na Etiópia. Comecei a estudar as regras básicas da língua amárica, as religiões e as culturas daquele país. Como não admirar a longa permanência de um cristianismo próprio, ligado por séculos à igreja copta de Alexandria, com centenas de mosteiros que se perdem nas solidões rochosas de uma sentida metafísica? Penso em Lalibela. Em Dabra Damo. Penso no livro de Luis de Urreta que é uma invenção radical e, ao mesmo tempo, fascinante, sobre os etíopes. A que se soma a presença dos *falashas*, que guardam a memória judaica do último bastião davídico no coração da África negra. Além da fortíssima presença do islã, a partir de Harare, mas não apenas, em cujos arredores viveu o apátrida Rimbaud.

A Etiópia dos espíritos e das formas tribais igualmente sublimes que convivem com a misteriosa Arca da Aliança, guardada num templo de que só o patriarca da Igreja etíope teria notícia.

Esse é de todos o maior fascínio: o país do Preste João, com sua geografia ligada ao Éden. Tenho para mim, Hamidou, que dom Sebastião, o Desejado, vai escondido em alguma parte daquele reino, depois de estreitar amizade com o mítico Preste. E, de novo, o aceno do futuro. E sempre, a partir desse mal de África, que pessoas tão diversas provaram, de Câmara Cascudo a Ryszard Kapuściński. Eis um fragmento de poema que escrevi pensando na perspectiva dessa utopia incerta e flutuante, na busca eterna de um dom Sebastião como símbolo da paz:

> O nome Sebastião
>
> é um maço
> de ausências malferidas
>
> um feixe
> de prodígios e visões

Sigo
 os despojos de el-rei
   nas noites límpidas
em pleno oceano
   pelos sertões
bravios do Brasil adentro
   nas costas
  rudes da Mina
   por onde passam
búfaros gazelas alifantes

Flutua
   em precipícios
a palavra Sebastião
   e morre a cada frase
em que renasce
   nos dilatados
longes
   dessa língua
de cravo perfumada
    e de gengibre

Meu prezado Hamidou, peço desculpas se tanto me estendi. Releve, por favor, as referências que fiz de minha poesia. Usei-as porque precisava embrenhar-me nessa pátria inconclusa e lábil. E se me estendi com a Etiópia é porque a considero uma síntese na qual podemos pensar uma parte do Brasil.

Não me queira mal, Hamidou. Gostaria de saber como vai. Quando puder, mande notícias a seu leitor inquieto, ao sul de Deus e do Atlântico.

Daruish: dialeto ou árabe clássico?

Se o regime de ventos ainda move os grandes moinhos da história, se a fome de justiça e beleza não amainou sob o império dos ciclones do novo século, é forçoso reconhecer, contudo, uma ponta de febre, uma baixa imunidade na geografia. Esgotada, em muitos sentidos, presa da fome excessiva de um Argos, dotado de milhões de olhos — blogs, drones, webcams —, não resta à geografia senão despedir-se do tempo.

Houve quem buscasse, como Paul Virilio, compor o réquiem da finada parceira da história, com quem divide as lágrimas de Heráclito.

Será o fim da geografia, da gramática do espaço e da semântica do longe?

Goethe abriu a discussão e o fez com a recriação do dileto casal de Júpiter, Filémon e Báucis, quando viviam, felizes, num espaço edênico, até serem alcançados pelos tentáculos sanguinosos da incorporadora Fausto & Mefistófeles.

Como se o coração da Distância tivesse deixado inesperadamente de bater, assim como o do poeta Mahmud Daruish, a quase um lustro, quando firmava um acordo de paz entre o mundo e a palavra.

Como explicar uma história mefistofélica, que tudo nega, sempre, e de mãos dadas com uma geografia em estado terminal, neste ínfimo planeta, que nos faz tanto ferozes, como disse Dante?

Não existe espaço desprovido de memória e linguagem, não existe território neutro, *franchising* volátil, como querem os megainvestidores, que também formam os olhos ferozes de Argos, responsáveis pela morte de Filémon e Báucis.

Penso nos olhos do Tempo e confesso ter descoberto nos campos de Sabra e Chatila um novo redesenho do mundo, feito a partir do batismo de uma clara constelação de fragmentos. O nome das ruelas mesquinhas, das praças invisíveis e esquinas raquíticas dos campos de refugiados evoca montes e cidades da Palestina. Saudosos de uma Terra que não cessam de reivindicar, num *Va pensiero* doloroso, coletivo, à capela.

Não direi o que senti no Líbano, porque seria tarefa dos olhos, que, como sabemos, são monoglotas, conhecem uma líquida semântica, herança pré-babélica, assemelhada à linguagem dos pássaros, cujo maior filólogo foi o poeta Attar.

Sou dos que sonham o diálogo desarmado entre os agentes de negociação de paz no Oriente Médio, livre de um passado fóssil, de um judiciário metafísico, a decidir questões fundiárias. Sonho com uma Palestina/ Israel binacional, assegurada a garantia dos direitos políticos, a corrigir o desnível entre cidadãos de primeira e segunda classe, com centro irradiador na três vezes bela Jerusalém. Aí será erguido o arco do triunfo — da cultura da paz sobre a cultura da guerra — arco *sui generis*, com dois *alifs* pernaltas e esguios. Melhor: o *alif* árabe e o *alef* hebraico, vogais longas e profundas, enlaçadas, formando um tratado invisível de amizade.

Tiro parte desse ideal das páginas de Edward Said e dos militantes democratas de Israel, dos poemas de Amichai, Adonis e Unsi al-Hajj. Todos vizinhos de porta na minha biblioteca. Mas a temperatura — seria preciso confessá-lo? — vem do pleno verão de Daruish, poeta do exílio e da hospitalidade.

Em 2006 liguei para ele, em Aman. O final do número era 8844. Cito os algarismos por mero capricho, como se fossem uma relíquia. Anotei a ideia de poema à margem da urgência do espaço e da história. Não havia lido, ainda, suas últimas obras, tão liricamente concentradas.

Conheci primeiro os poemas da resistência, dignos de um Maiakóvski do deserto, colega de Siroco e Simum, Bóreas e Zéfiro, da poesia árabe e hebraica, sem o festejado toque de recolher, que adiasse a consonância entre o poeta e a comunidade, o coro e o protagonista, como em "Carteira de Identidade":

سجل
أنا عربي
و رقم بطاقتي خمسون ألف
و أطفالي ثمانية
و تاسعهم سيأتي بعد صيف
فهل تغضب ؟

Pode escrever
sou árabe
o número da minha carteira é cinquenta mil
tenho oito filhos
e o nono virá depois do verão
isso o aborrece?

E foram tantos poemas, nessa linha de resistência, filmados, musicados, grafitados, a comprovarem que o poeta-corifeu usa a mesma língua de sua gente, a mesma canção de exílio e identidade, transbordante de harmonia, como em "Passaporte":

يا سادتي ! يا سادتي الأنبياء
لا تسألوا الأشجار عن اسمها
لا تسألوا الوديان عن أمها
ن جبهتي ينشق سيف الضياء
و من يدي ينبع ماء النهر
كل قلوب الناس ..جنسيتي
فلتسقطوا عني جواز السفر !

Oh! Senhores, profetas.
Não indaguem das árvores seus nomes
Não indaguem dos vales quem são suas mães
De minha testa sai uma espada feita de luz
E de minha mão brota a água do rio
O coração do povo é a minha identidade
Podem tirar meu passaporte!

Quantas vezes o poeta falou do corpo físico e do corpo da Palestina, confundindo-os de modo poeticamente eficaz. E o mesmo para o rosto e o coração, convocando a memória da infância, duas vezes edênicas, mãe e terra sobrepostas:

أحنّ إلى خبز أمي
و قهوة أمي
و لمسة أمي
و تكبر في الطفولة
يوما على صدر أمي
و أعشق عمري لأني
إذا متّ ،
أخجل من دمع أمي!

Tenho saudade do pão de minha mãe
E do café de minha mãe
E do seu toque
A infância me leva a crescer um dia
Sobre o seio de minha mãe
Apego-me à vida
Pois à hora da morte
Terei vergonha das lágrimas de minha mãe.

Era esse o percurso que alimentava minha leitura de Daruish, opinião que ele gentilmente corrigiu, no telefonema de 2006. A coincidência de planos divergentes foi para ele a água clara, o lençol freático da poesia. Com o passar do tempo, tocado por outras vozes, ele não queria automatismos de leitura que o obrigassem a um repertório de significados assumidos a priori, de modo coral, que seus leitores identificassem de imediato. Não poucas vezes reclamou de ser lido antes de escrever, como se usasse apenas símbolos, tirados todos de um poço de água pública e potável, em torno do qual autor e leitor matavam a sede de justiça.

Gosto de citar suas palavras, depois do fim do exílio: "A poesia exige a margem, a sesta. A situação em Ramallah não me permite esse luxo. Viver sob estado de sítio não é boa inspiração para a poesia. Não posso escolher minha realidade. Eis o problema da literatura palestina: não podemos nos libertar do momento histórico."

A história e a geografia mostram-se, ao fim e ao cabo, como Filémon e Báucis. E, no entanto, as cordas do poeta procuram novo contraponto, a exploração de uma geolírica interna, de materiais sonoros livres, errantes. Do exílio à hospitalidade, sem os vetores férreos, sem o *do ut des*. Não esquece os compromissos, não deixa de manifestar sua indignação, mas sente a necessidade de criar uma distância entre o frescor da melopeia e o limo da história. Eis o que eu ouvia então, sem compreender de todo, naquele telefonema, de um novo Maiakóvski, a lidar com objetos quase irredutíveis à poesia e com uma taxa de lirismo efervescente.

Pensava nisso em Roma, quando comecei a folhear *Mural*, esse tesouro da literatura árabe moderna. Não pude parar de ler, enquanto caminhava pelo centro da latinidade. Arrebatado pelo poema, sentei-me próximo do fórum de Trajano. O que, também, representa — de modo puramente fortuito — a celebração geo-histórica da velha capital do Mediterrâneo.

Leio a transfiguração da paisagem, em *Mural*, na dialética do senhor e do escravo:

قلتُ للسّجّان عند الشاطئ الغربيّ :
ـ هل أنت ابنُ سجّاني القديمِ ؟
ـ نعم !
ـ فأين أبوك ؟
قال : أبي توفِّيَ من سنين.
أُصيبَ بالإحباط من سَأَم الحراسة .
ثم أوْرَثَني مُهمَّتَهُ ومهنته ، وأوصاني
بان أحمي المدينةَ من نشيدكَ ...
قُلْتُ : مُنْذُ متى تراقبني وتسجن
فِيَّ نفسَكَ ؟

Falei ao carcereiro da margem ocidental:
— És o filho do meu antigo carcereiro?
— Sim!
— E onde está teu pai?

Falou: meu pai morreu há muitos anos,
caiu em depressão pelo tédio da guarda
deixou-me como herança sua missão e trabalho e me pediu
que protegesse a cidade do teu canto...
Falei: desde quando me vigias e te aprisionas dentro de mim?

Toda uma urgência de vida e liberdade para os dois lados, o cenário e os bastidores, ambos presos no jogo dos contrários. Mas antes, sua adesão à vida, como um *alif*, que o leva a dizer a seu corpo e cavalo:

أَنتَ فُتُوَّتي وأَنا خيالُكَ . فانتصِبْ
أَلِفاً (...)
أَنت َعِلَّتي وأَنا مجازُكَ

és minha juventude, sou tua sombra, ergue-te como um *alif* (...)
és meu pretexto, sou tua metáfora

Uma ideia da tensão lírica pura no epicentro da história. Penso nas jazidas de ouro da língua árabe, de cuja beleza não serei a primeira nem a última vítima, fascinado pela poesia antiga, nos versos de al-Ma'arri e Al-Hallâj, estes que se materializam, ao longo do *Mural* de Daruish. Puro canto de liberdade, do que permanece como essencial ao poeta além do exílio, num ajuste de contas na superfície do tabuleiro de xadrez, em torno de uma poesia nova. E poderia falar na linguagem dos pássaros, a mais livre, como a das lágrimas. Pressentindo a iminência do xeque-mate derradeiro, do abreviar-se da própria biografia, indaga o que devia levar à Palestina definitiva, porto final da vida humana:

وهل كتابٌ واحدٌ يكفي
لِتَسْلِيَتي مع اللاَّ وقتِ ، أَمْ أَحتاجُ
مكتبةً ؟ وما لُغَةُ الحديث هناك ،
دارجةٌ لكُلِّ الناس أَم عربيّةٌ
فُصْحى/

Será necessário um livro apenas para passar o tempo no não tempo ou precisarei de uma biblioteca? E qual é a língua que se fala naquele lugar? Dialeto para todos ou árabe clássico?

Ao desligar-se da história e da geografia, ao atingir uma espécie de lirismo de segundo grau, típico dos poetas que "guardam dentro de si mil rouxinóis", cessa qualquer diferença entre o árabe clássico e o dialeto, num mundo sem GPS, branco e extenso, como o deserto, onde passeiam Filémon e Báucis, falando a mesma língua dos pássaros.

Perde-se o jogo de xadrez, mas não se perde a terra e o sonho — é o que parece dizer o poeta à Indesejada.

A arte de morrer na língua árabe conhece diversos matizes e modalidades, nos plurais internos e declinações, na sombra das formas solares e lunares, nos fundos mistérios da letra *nun*, a partir do lençol freático de uma língua que sabe a rocha e que não perde seu aroma, vigor e densidade.

Direitos linguísticos

A agenda intercultural da América Latina, na era do pós-regionalismo, precisa promover dinâmicas de descentramento, auscultar as — hoje justamente famosas — periferias linguísticas ou existenciais. Não como favor, mas como demanda legítima de inclusão, no centro da democracia plena, que apresse outras formas de discriminação positiva.

Trata-se de uma agenda multilíngue, que se incline à cultura do encontro e da hospitalidade.

Urge delinear as partes em diálogo da América Latina, com interlocutores comprometidos nos projetos multilaterais, que não se resumam a campos estritamente econômicos, a nuvens erráticas de capital. Projetos capazes de recusar imanências corrosivas, provocadas pela teologia de mercado, que revalidem a chantagem do Mesmo, por meio de estratégias tristemente homogêneas, como reza a apologética do sistema. Esta, que produz centenas de milhares de consumidores precários, no lugar de cidadãos, no lugar de sujeitos de direito, criando bolsões de intolerância e desagregação.

Deve-se condenar com clareza tal hegemonia, linguística e ideológica, de centralidade narcísica, valendo-se de uma gramática única, desligada da beleza do encontro, ao demonizar tudo que é híbrido. A promoção da cultura da paz e da diversidade precisa fazer frente a uma espécie de antiesperanto, em favor das línguas plurais, que desatendem aos interesses de uma fábrica de padrões globais, quando desaceleram as nuvens de capitais.

A América Latina precisa horizontalizar as pedras de Babel, aquelas mesmas pedras imateriais que Antonio Vieira apontou ao longo do

Amazonas, Rio–Babel, ecumênico e profundo, que dialoga com seus afluentes e tributários, como um poema de Khlébnikov, rio que tudo acolhe em seu percurso desafiador. Fluxo que não dissolve a *felix culpa* das tantas línguas que nos constituem, consideradas hoje como fogo prometeico, dom celeste, unidade inacabada.

Trata-se da defesa dos direitos linguísticos do continente. Quase trezentas, as línguas remanescentes, praticadas no Brasil, em busca de território, flutuante, ainda, ou mal demarcado, onde cultura e natureza produzam um círculo virtuoso de biossegurança. Não há outra forma de equacionar a relação língua e terra, tão imbricadas se mostram, senão dentro da cultura da hospitalidade.

Se não dispomos de uma gramática descritiva da língua do paraíso, intuímos suas virtudes poéticas, no plano das essências, na primeira aurora do mundo, pondo-se em marcha a nomeação adâmica, quando o curso do rio e das estrelas formava um só destino.

Essa língua impensável requer uma projeção utópica, mediante poetas e tradutores que digam adeus às névoas do Uno e abracem vigorosamente o Múltiplo, vibrátil por definição, marcado pela beleza do Rosto. Em *Torres de Babel*, afirma Derrida que

> graças à tradução, a essa suplementariedade linguística pela qual uma língua dá à outra o que lhe falta, este cruzamento das línguas assegura o "santo crescimento das línguas" até o termo messiânico da história. Tudo isso se anuncia no processo tradutor, através da "eterna sobrevida das obras" ou "o renascimento infinito das línguas". Essa perpétua revivescência, essa regeneração constante pela tradução, é menos uma revelação, a revelação ela mesma, que uma anunciação, uma aliança e uma promessa.

Torres de pedra, e sobretudo imateriais, como o *Ayvu rapyta*, a teogonia ditada pelos grandes metafísicos das Américas, que são os povos guaranis, na bela edição de Bartomeu Melià.

O plurilinguismo nas Américas deve ser reativo à ontologia do Mesmo, que se espalha em escala planetária, nas imposições gasosas da economia global. O célebre ensaio de Erich Auerbach, "Filologia da *Weltliteratur*", permanece atual, ao destacar a insolvência da diversidade, que se faz maior, desde as ruínas do pós-guerra:

> é chegada a hora de perguntar que significado possui a palavra *Weltliteratur* no sentido proposto por Goethe. Nosso planeta, campo da *Weltliteratur*, está se tornando menor e perdendo a sua diversidade (...) a suposição de que a *Weltliteratur* é a *felix culpa*: da divisão da humanidade em muitas culturas. Hoje, entretanto, a vida humana está se tornando uniforme. O processo de uniformidade (...) está minando todas as tradições individuais.

A América Latina precisa responder ao ensaio de Auerbach com a inteligência da coruja de Minerva, de olhos acesos, a partir de políticas que promovam as línguas fundamentais. O bilinguismo no Paraguai, no Peru e na Bolívia, em paralelo com as formas religiosas combinadas, parece reagir ao evangelismo global (como o entendem Peter Berger e Samuel Huntington, em *Muitas globalizações*) e aos circuitos dos sistemas financeiros. Representam focos de insurgência ou inflexão, que se afirmam justamente na periferia, nas margens do Rio–Babel, das democracias intransitivas ou intransigentes.

As virtudes do bilinguismo promovem uma ética entre conjuntos de fricção (a língua um e a dois), conjuntos incompletos, bem entendido, que se movem instados por uma espécie de completude incompleta, ou pela tradução entre dois conjuntos, abrindo a possibilidade de uma terceira via, de um terceiro rosto, de que ambos os conjuntos saem iluminados. Babel invertida, com fios de ouro, com uma etimologia que olha escandalosamente para o futuro.

O trecho do livro *Tyre'ỹ rape / Camino del huérfano*, da escritora paraguaia Susy Delgado, em guarani e espanhol, é eloquente:

> He reunido en este libro aquellos [poemas] que nacieron en guaraní y aquellos que pidieron el papel en castellano... Como autora, reconozco en este libro cómo se van mezclando y hablando juntas mis dos lenguas otros acentos de este camino interminable, que cada día se parece más a una Babel desértica.

Entre a nomeação adâmica, como projeto, e as políticas regionais, ajoelhadas diante das demandas globais, entre *torre e deserto*, Susy torna a acender as solidões de sua pátria não de todo perdida, a sonhar com a "Terra sem Males":

> Camino
> descamino
> despatria
> deslugar
> desorilla
> descuerpo
> deshondura
> desnorte
> desencuentro

A hospitalidade surge mediante a negação e a incompletude do caminho inverso para Babel, que se percorre entre nação e desnação, para que enfim se possa indagar, com temperatura elevada, "¿dónde estabas/ dónde estás/ dónde estarás? Tierra sin Mal?".

Um rosto velado (que pede a criação de novo percurso, entre ascensão e queda, através de uma antipoesia) deixa-se entrever com o poeta chileno, Nicanor Parra, do qual retiro de *Poemas para combater a calvície* os seguintes versos:

> Consumismo
> derroche
> despilfarro
> serpiente que se traga su propia cola
>
> Buenas noticias:
> La tierra
> de años
> Somos nosotros los que desaparecemos
>
> EL MUNDO ACTUAL?
> EL inMUNDO ACTUAL!

Para combater a gravidade dos compromissos ideológicos ou, mais detidamente, capilares, assim como dos circuitos de exclusão, deparamo-nos também com o mexicano Natalio Hernández, que se dá conta "de que en mi lengua había una mina de tesoros, como pasa en cualquier idioma. Y esos tesoros poco a poco voy encontrando, guardados en el corazón de la lengua náhuatl".

Essa mina, de que seus falantes são depositários, exige uma subida à profundidade, nesta chave de inversões, como nos diz, em língua mapudungun, o poeta chileno Elicura Chihuailaf, que retransmito em espanhol:

> Alma labrada por naturaleza
> heme aquí, lentamente subiendo
> hacia mi propia hondura.

Subir às profundezas — e não descer! — é um topos insistente e resistente, de ordem expressiva, senão metafísica, tal como vemos nas "Coplas de Cochabamba", traduzidas do quéchua por Jesús Lara:

> ¿ Que nube es aquella nube que engrenecida se acerca ?
> Será el llanto de mi madreque viene trocado de lluvia.

As lágrimas que irrigam Pacha Mama, a Terra-Mãe, a fonte de todos os rostos e de todas as línguas, ctônicas e descentradas, são lágrimas de parturiente, com novos desenhos, caminhos, potências.

Assim também se volta Ernesto Cardenal, quando indaga sobre a possibilidade de

> restablecer las carreteras rotas
> de Sudamérica
> hacia los Cuatro Horizontes
> con sus antiguos correos.

Trata-se de uma ampla comunicação, dos velhos caminhos indígenas e os que se redesenham hoje, desde a já mencionada tensão entre língua e geografia. Não como adesão ao passado, mas como alongamento horizontal de uma Torre, nova, e felizmente interminável.

Os direitos linguísticos representam um passo urgente e essencial, porque suspendem os crimes de lesa-memória, dentro e fora das Américas, sem perder o fio terra da região com o global, aqueles "antiguos correos", pensados do ponto de vista de uma grande geografia expansiva, no horizonte cosmológico, em que se inscreve o vasto *Cántico cósmico*.

Assim, dentro desse programa sempre por reiniciar, volto ao ensaio de Auerbach, quando afirma que a casa da filologia é a Terra. Eis um gesto propício à defesa multilíngue de nosso continente, entre a filologia do planeta e a sintaxe da Diversidade.

Evoco o poema "O livro único" (единая книга), de Velimir Khlébnikov, com uma síntese da Terra, desde as grandes narrativas:

> Vi que os negros Vedas,
> o Evangelho e o Alcorão
> e os livros dos mongóis,
> em tábuas de seda,
> com a poeira da estepe
> ...
> Lerás muito em breve
> estas lições das leis divinas,
> estas cadeias de montanhas, estes mares dilatados
> este único livro!
> Em suas páginas salta a baleia
> E a águia real, dobrando o canto da página
> Senta nas ondas, nos seios dos mares
> e descansa no leito da águia.

O livro único de Khlébnikov, enquanto houver tempo, é o manancial da diferença, um repertório de extensão, livro que hoje não vai muito além do sumário. Embora conte com muitos autores: obra coletiva, silenciosa, republicana, de uma democracia planetária em revisão.

Uma Terra sem males? *Yvy Marae'y*!

Do Mediterrâneo viemos:
carta ao poeta Ataol Behramoğlu

Caro amigo, imagino você, o mais célebre dos escritores turcos, poeta e dramaturgo, olhando para o Mediterrâneo, do alto, digamos, de um minarete, como o da antiga catedral de Santa Sofia. Penso no Império Otomano e na parte incerta dessas águas verdes e azuis que correm entre as ilhas gregas e o litoral da Turquia.

Admiro-lhe o esforço na construção de um diálogo mediterrâneo, mar que, em turco, se chama branco — *Akdeniz*, ao passo que os velhos gregos atribuíam-lhe o epíteto de vinoso. Pergunto-me, Ataol, quantas cores, línguas e palavras compõem o Mediterrâneo?

Não se trata de um mar homogêneo, mas de algo flutuante e descontínuo. Laboratório espantoso. Geologia de camadas friáveis. Para o futuro, talvez, um mar republicano, cheio de perspectivas. Dependendo de onde e quando, o Mediterrâneo pode ser a extensão do Saara. Ou, quem sabe, um lago que espelhe a bordadura das montanhas. Mar sem passaporte, nem alfândega, livre de naufrágio. Mais que uma área de livre comércio, território de fluxo intercultural.

Preocupo-me com o norte da África, em face de uma hesitante primavera democrática, que devemos apoiar de forma crítica. Se a Liga Árabe me parece perdida, os democratas de Israel e da Palestina dizem palavras de ordem vazias, meramente retóricas. Indago-lhe, caro Ataol, se o ministro Erdoğan domina a língua árabe. Não sei bem o que pretende com uma espécie de liderança pela qual um dia respondeu Nasser. As lágrimas da rebelião civil da Síria batem às portas da Turquia. Parece que as velhas civilizações do Mediterrâneo sofrem as dores do crescimento. Você chegou, por acaso, a conhecer os poetas Adonis e Daruish, que falam de um litoral sem barreiras?

Sua vizinha, a Grécia, é vítima de um impasse de proporção épica. O que diria o poeta Yannis Ritsos se estivesse vivo, assistindo à barbárie econômica que se abate sobre as terras onde outrora se fundou a academia platônica? A Grécia, como vítima de um capitalismo senil e devastador, responde com a delicadeza de Safo, ao contemplar as Plêiades à meia-noite.

As sete estrelas valem a zona do Euro?

Caro Ataol, escrevo-lhe movido pela inquietação. Gostaria de ouvi-lo sobre a ideia de um mar helênico, com o qual contraímos empréstimo e cujas prestações estamos longe de quitar. Quem poderá perdoar em definitivo a nossa dívida?

Haverá mesmo dívida? Haverá perdão?

Vivemos absurdamente separados, esquecidos do traço de união entre Oriente e Ocidente, promovido pelo Mediterrâneo, porto de chegar e partir. Dos filhos de Abraão, ou seus órfãos, de Ulisses e Simbad. E já não importa saber, Ataol, quem ganhou ou perdeu a batalha de Lepanto, se a futura Sublime Porta ou Roma. Hoje estamos do mesmo lado. E seguimos as metáforas desse mar. Tudo cabe dentro dele. E sobra.

Leio seu poema "Desenho uma Istambul sobre o meu peito". E sei que, ao desenhar sua própria cidade, você inclui a tradição de Roma e Atenas, sem o que não se entende a síntese da cultura otomana, no diálogo com a tradição árabe e persa.

E hoje, Ataol, se a Espanha e Portugal vivem um período decisivo, o caso da Itália me abate. De lá veio a segunda academia, de Florença, com Pico della Mirandola e Marsilio Ficino, conhecida como a Nova Atenas. E, contudo, o desastre do primeiro-ministro — cujo nome não declaro para não macular o papel — só não é maior, porque a presidência da república vem cumprindo rigorosamente seu papel constitucional. A situação é grave e me lembro de Dante ao dizer que a Itália era um navio sem capitão em meio a uma tempestade. E dizia coisas piores: que a Itália não era senhora, mas bordel (*non donna di province, ma bordello!*). Os intelectuais daquele país leem essa passagem do Purgatório com especial agonia.

Meu caro poeta, o quadro me parece árduo. E, contudo, tenho comigo um resíduo de esperança. Eis por que lhe escrevo desta parte do mundo. Somos filhos do Mediterrâneo. Ao mesmo tempo avarentos e perdulários diante de nossa herança de escombros.

Não se preocupe em apontar soluções. Sei que você não aprova, tal como eu, uma espécie de cartomancia da sociedade atual ou uma filosofia da história, que tire conclusões gerais, diante de uma crise de longa duração, em torno da qual é preciso responder com maior fluxo de pensamento, bolsas de estudo, programas de cultura. Longe da esfera do mínimo de tolerância, no coração irresistível de quanto se admira.

Caro amigo, aceite essas considerações de seu irmão ultramarino, culturalmente semita, que respira uma parte de Ocidente. Quero lembrar-lhe, como despedida, dois versos de um velho poeta alemão que soam assim: onde há perigo, cresce também o socorro.

Forte abraço, Ataol!

Soft Islam

para Saeid Edalat Nezhad

Passada a Era dos Extremos e das Torres Gêmeas, eis-nos diante de um novo e contíguo pluralismo. O mapa-múndi das religiões assiste a uma grande mutação transgênica. O ocaso do *cujus regio, eius religio* está prestes a terminar. Los Angeles é a maior cidade budista do mundo. A Igreja Católica cresce com força na Ásia. A Inglaterra deverá igualar o número de muçulmanos e anglicanos. O hinduísmo e o cristianismo realizam um conjunto de trocas simbólicas, com Henri Le Saux e Thomas Merton.

A teologia das religiões inscreve-se hoje num plano variegado, não havendo, pois, outro caminho senão o do diálogo, na sinergia com que este se constitui, no vínculo de relação de que depende, afinal, com sua condição de trânsito e potência. Nessa zona de risco e inquietação nos movemos, agimos e estamos.

Eis o rosto entressonhado entre Oriente e Ocidente. De olhos fitos na cultura da paz que se projeta desde agora, nas dores do parto que não dão trégua, nestes dias de massacre e limpeza étnica no Oriente Médio.

O diálogo responde por uma cartografia inacabada, a que aderem as partes — ciosas de sua própria identidade — ao tecerem a trama de um conteúdo crescente, no qual a inteligência do processo não se imobiliza diante de possíveis desvios de cunho instrumental. Não há mais lados opostos. Estamos todos do mesmo lado, envolvidos nas teias de um horizonte no qual as religiões se tornam sensíveis à alteridade, sob o guarda-chuva de uma formação ecumênica. Tudo isso fora do relativismo de superfície, de um sincretismo dessorado por parte dos que buscam uma síntese acabada, *lingua universalis*, sem aroma ou beleza, mais inclinada a servir ao vertiginoso fluxo de info-capital do que para criar propriamente a práxis do encontro.

Precisamos da chama desse encontro sensível, que não elimine a diversidade, que não apague a filiação religiosa e cultural, que não destrua a beleza das partes, em favor de um ambiente monótono e inodoro, na iminência de apagar os pontos luminosos que nos constituem. Seria como impor o deserto da teologia de mercado sobre a riqueza de poéticas antigas.

O diálogo cresce no céu do pensamento, não com uma férrea dialética, pronta a ceifar a vida de seus interlocutores, na síntese amnésica de ambos, legitimada por uma entropia crescente. Porque tudo existe em relação e deságua no face a face. Como diz Martin Buber, não existe o Eu isolado, como não se sustenta sozinho o Tu. Não pode haver um Eu em si, mas um Eu–Tu, a gênese correlata do diálogo.

Olho para os raios que brilham nos céus do poema de Shah Abdul Latif Bhitai (1689–1752) e anoto uma nova relação entre céu e terra:

> Apressam-se os relâmpagos nos ares
> E chegam fulgurantes a Istambul.
> Acorrem para as terras do Ocidente,
> Atroam, batem cílios em Catai,
> Cintilam súbitos em Samarcanda
> E mádidos de memórias amenas.
> Rumam para Rum e Kabul
> Acercam-se de Kandahar
> Derramam sobre Déli uma tormenta

E criam um risco luminoso no céu, que une várias cidades, dinâmica de água e memórias cintilantes. O relâmpago da palavra que nos convoca em todas as latitudes para o Eu–Tu. Eis o fascínio da ética do diálogo, de sua poética sensível, que restaura a saúde dos extremos, combate o mal-estar da exclusão, quando a diferença deixa de ser um demônio epistemológico, a ser liquidado, sem dó.

O pressuposto do diálogo, entre relâmpago e tempestade, memória e luz, recusa a narrativa não vivida, flutuante e a poucos metros do chão da História. O diálogo não prospera numa casa de vidro, desabitada e fria. Nem se mostra indiferente ao endereço dos hóspedes, ao refluxo de uma agenda de intenções. Fosse apenas isso, não seria mais que um simulacro, sem a beleza de tudo que não somos. Porque o Outro deve ser fonte de encantamento.

A tais desafios responde Hans Küng com seu livro *Projeto de uma ética mundial*, que assenta na comunicação inter-religiosa quando afirma que o diálogo não pode se limitar a uma condição meramente coercitiva.

Nesse mesmo caminho de paz, fui visitar, em janeiro de 2014, o mausoléu do místico Nizamuddin Aulia (निज़ामुद्द न दरगाह), em Déli, o santo sufi, do século de Dante e Rûmî, para quem não existe barreira entre hindus e muçulmanos, mas uma nostalgia perene da alteridade, sob o espírito da mais sentida compaixão.

Chego ao cair da tarde — quinta-feira —, sob o canto insólito dos peregrinos. Para Nizamuddin, a música e a poesia traduzem a emoção diante do cosmos, a radiante beleza do Eu–Tu. Naquele mesmo fim de tarde, alguém recita um antigo poema, em urdu, que me é caro, de Sain Bulleh Shah:

> Acaso não sei nada do que sou?
> Não sou o crente que vai à mesquita,
> Nem o que segue as vias da descrença.
> Não ando limpo e tampouco ando sujo.
> Não sou Moisés, nem sou o Faraó.
> Acaso não sei nada do que sou?
>
> Não me incluo entre santos, pecadores,
> E já não sou feliz nem infeliz.
> E não pertenço à água nem à terra
> E não pertenço ao fogo nem ao ar
> Acaso não sei nada do que sou?
>
> Não sei da religião nenhum segredo,
> Tampouco se nasci de Adão e Eva.
> E não cheguei jamais a dar-me um nome.
> Se não sou dos que se dobram e rezam.
> Não sou tampouco dos que se perderam.
> Acaso não sei nada do que sou?

Um saber feito de não saber, que vive num espaço outro, que transcende — sem dirimir — a filiação religiosa e o território. Pertence apenas ao Tu, ao Amado, na sua absoluta e irresistível condição. Bulleh Shah faz parte de uma linhagem antiga, como Shah Abdul e Nizamuddin, da mística que ultrapassa o cânone, aberta às variedades do Eu–Tu. O aval de semelhante atitude é rastreado no *Alcorão*, no claro elogio da diferença, em 5,48:

> A cada um de vós ditamos uma lei e uma norma; se Deus quisesse, teria feito de vós uma só nação; porém, fez-vos como sois, para vos testar diante do que vos concedeu. Emulai-vos, pois, na benevolência, porque haveis todos de regressar a Deus, que vos dirá de vossas diferenças.

Eis uma das fontes corânicas da Alteridade, dentre outras passagens, em que se deleita a mística sufi, tornando-a mais radical, como fizeram os grandes poetas do islã, centrados numa semântica inesgotável, de que Jalaluddin Rûmî é ponto de irradiação e, ao mesmo tempo, uma prova cabal de que o diálogo e a pertença religiosa não implicam uma contradição, como pensa a ultradireita na Europa e na América, para quem só poderá haver encontro entre Oriente e Ocidente quando minguar a espessura da metafísica levantina, considerada como atraso, choque civilizacional, mãe de todas as guerras, laboratório de extremismos.

Deixo a tumba de Nizamuddin entrevendo umas poucas estrelas, obstinadas, no céu poluído de Déli. Caminhava devagar, com um motivo, tema e variação, uma conversa que nunca chega ao fim com Jalaluddin Rûmî:

> Sentados no palácio duas figuras,
> são dois seres, uma alma, tu e eu.
>
> Um canto radioso move os pássaros
> quando entramos no jardim, tu e eu!

Os astros já não dançam, e contemplam
a lua que formamos, tu e eu!

Enlaçados no amor, sem tu nem eu,
livres de palavras vãs, tu e eu!

Bebem as aves do céu a água doce
de nosso amor, e rimos tu e eu!

Estranha maravilha estarmos juntos:
estou no Iraque e estás no Khorasan.

E a pergunta, com Bulleh Shah, repercute após a leitura do belíssimo poema de Rûmî: Acaso não sei nada do que sou?

Tragédia na Síria

a Paolo, Huda, Jens, Abdulmassih, Mikhail e Jihad

Wer sich selbst und andere kennt,
Wird auch hier erkennen:
Orient und Okzident
Sind nicht mehr zu trennen.

Goethe

Erram os que definem o Estado Islâmico (EI) como se fosse um movimento de pura barbárie e violência, força retrógrada, sem inteligência e apenas autodestrutiva. Não deixa de ser um pouco disso tudo, é bem verdade, embora seja algo mais denso, articulado e perigoso.

Porque se trata, sobretudo, de um califado digital, segundo Abdel Bari Atwan, com alta sensibilidade midiática, ocupando as redes sociais com ameaças e imagens aterradoras. Some-se um alto sentido publicitário, de alcance mundial, com ênfase nos jovens vulneráveis, pouco integrados em seus países, convocando a todos para uma vida "heroica", na defesa de um admirável mundo novo. Um mundo livre de infiéis, no qual o califa desponta como efetivo lugar-tenente de Deus na face da Terra — mais justa, onde todos serão iguais, sem fome, sem miséria, com o ocaso do capitalismo e dos valores ocidentais.

Esse conjunto de promessas do EI nasce de uma geografia que encerra alto grau simbólico, a partir de Damasco, "centro do mundo", no outrora poderoso Califado Omíada. E traduz o desejo de romper com a difusa infelicidade árabe, analisada nas páginas do livro homônimo de Samir Kassir sobre um passado de glória em contraste com uma era de frustrações: desde a clamorosa ausência do Estado Palestino, adiado para sempre, a uma modernidade que não chega ou não se aprofunda nos países árabes, nem se distribui. O EI opera com essa agenda fechada e promete apressar a chegada de uma idade de ouro, semelhante à que se seguiu após a morte do profeta Maomé.

Assim, no vazio de poder no Iraque e na Síria, no contexto multilateral que se seguiu ao término da Guerra Fria, o EI conquistou cidades. Antes mesmo da guerra civil, assumiu tarefas tipicamente urbanas e administrativas em que mal chegava o regime de Bagdá ou de Damasco, restaurando de pronto a água e a luz, a relativa normalidade quotidiana, com hospitais funcionando, comércio e segurança. Além disso, o EI detém os poços petrolíferos do leste da Síria, cuja receita chega à casa dos bilhões de dólares, em paralelo com os vultosos aportes dos governos vizinhos, que não dispensam o fornecimento de armas e centros de treinamento, numa guerra de procuração criminosa.

Com um exército forte, embora heterogêneo e multinacional, o EI criou uma hierarquia severa, com uso de armas de última geração e soldados dispostos a tudo. E acabam de chegar a Palmira, na Síria, e a Ramadi, no Iraque, quase às portas das capitais a que almeja o califado, no cenário de máxima degradação, na prática infame de limpeza étnica e religiosa.

É preciso rever a ideia inicial que se configurou acerca do EI, para enfrentá-lo com parâmetros claros, num terreno ambíguo, no qual já não se pode mais tergiversar, no enfrentamento de duas guerras simultâneas: a física e a virtual. Só o tempo será capaz de dizer qual das duas guerras causou maior número de vítimas.

Da tragédia corrente, preciso descer do plano geral, dos números impensáveis (acima de duzentos e cinquenta mil mortos) ao plano particular, menos abstrato, na figura de um amigo, tragado nas ondas vorazes da guerra, para se atingir a escala do corpo, de uma alma ou biografia. Meu amigo chama-se Paolo Dall'Oglio, jesuíta, de origem romana, que fundou no deserto um centro para o diálogo e a paz. Conheci Paolo em meados da década 1990, no deserto próximo da cidade de Nebec. A esse tempo remonta minha admiração e cumplicidade. Tratava-se então de um país esmagado pela família Assad, mas ainda vivo, com gente que apostava na mudança.

41

Começo com o e-mail de 16 de julho de 2011. Paolo propôs uma reunião com cidadãos de origem síria radicados no Brasil para debater a transição pacífica para a democracia, em Damasco, favorecendo uma possível gestão do Itamaraty naquela mesma transição, autolegitimada pela maciça presença de imigrantes de origem sírio-libanesa. Paolo pensou numa democracia consensual para a Síria,

> construída sobre o pluralismo e o poliformismo identitário (penso no trabalho de Amin Maalouf sobre as identidades mortíferas). Trata-se de proteger todas as minorias, tanto aquelas confessionais como aquelas étnicas, aquelas culturais e ideológicas... pertencemos todos a uma série de agregações e não somos identificáveis com nenhuma! Deve ser evitada a ditadura da univocidade identitária do 50% + 1! (...).

A defesa radical do pluralismo funcionaria como obstáculo à desagregação do país, como um "não" contundente às forças centrífugas, perigosas e parciais, que se nutrem de uma razão intolerante, inclinadas sempre à limpeza étnica, como se viu, pouco depois, e que não cessa nos dias atuais. Antes, se avoluma num odioso crescendo. Seria preciso, quando se estava outrora no prefácio da guerra civil, zelar pelo patrimônio espiritual da Síria, das línguas, das culturas, das formas diversas de se estar no mundo, como assinala Amin Maalouf, sem hipótese de assimetria. Paolo, contudo, temia o pior. Não só a reação do regime sanguinário, mas também as aspirações extremistas, que ganhariam métrica e volume no xadrez das potências globais e regionais, com apetite suficiente para aniquilar a diversidade de pertenças, marcos e sinais, que conjugaram, de forma original, o Oriente ao Ocidente. Paolo tinha pressa e recusava com firmeza os caminhos que levariam a um quadro de horror: o dilema entre a morte mediata, e em larga escala, ou uma espécie de morte sutil, a conta-gotas, ministrada pela diáspora:

> Uma coisa é certa: quanto mais se espera tudo piora. Em breve entramos no mês do Ramadã... é uma incógnita repleta de incerteza e angústia! Se não nos apressarmos, a praça será tomada pelos extremistas mais perigosos... o caminho do exílio será a

única perspectiva para os cristãos. Uma lástima! Que desperdício de civilização... a de todos nós, universal! Seria um desastre tanto para o próprio islã como para a Síria. Além disso, para nós, monges do diálogo, seria um verdadeiro martírio

Sim, efetivamente: o martírio das relações Leste–Oeste, daquela forma indissolúvel, tão cara a Goethe (*sind nicht mehr zu trennen*), patrimônio universal que faz da alteridade avalista de primeira grandeza. Uma perda total, pois que a guerra mudou de forma drástica a estética da proximidade, com a avalanche de facções islamitas impiedosas, um prejuízo para a própria imagem do islã, reconhecido, no entanto, e desde sempre, como religião da paz, que escolhe o grande jihad em detrimento do pequeno jihad. Ou seja, que prefere a guerra da subjetividade, em detrimento da guerra entre as nações, legitimada, apenas e tão somente, na estrita defesa da comunidade. Longe da sintaxe do extermínio, a poética do diálogo, finamente elaborada ao longo dos séculos em Damasco, consagrada pelos poetas como cidade do amor (*dimishq ishq*), foi terrivelmente maculada, num centro difusor de ódio. Em outro e-mail, Paolo anotava a passagem do pôr do sol, de um modo que resume, a um só tempo, sua base marxista, o encanto com o islã e a vocação de jesuíta, na partilha do jejum muçulmano (3 de agosto de 2011): "Hoje, terceiro dia do Ramadã. Uma bela lua em foice no vermelho do ocaso."

A antiga militância tornava aguda sua leitura da História, não se isolando apenas numa instância metafísica. Para além desse ocaso, prenhe de significação, ele se define, ao então ministro das Relações Exteriores do Brasil (a cujas mãos fiz chegar uma carta de Paolo, datada de primeiro de agosto de 2011), como um arquiteto do diálogo e da harmonia: "Sou um jesuíta e fundador de uma comunidade monástica oriental dedicada à construção da harmonia islâmico-cristã."

Ao resumir os ingredientes de uma fatídica, e já incontornável, guerra civil, por ele antevista num horizonte sombrio, Paolo insistia — com a fina sensibilidade diplomática que o tornou conhecido nos países árabes e na comunidade internacional — na presença do Brasil como mediador para frear, de alguma forma, o colapso em curto prazo:

O Brasil poderia exercer um papel crucial para a negociação dessa transição. Como um país muito importante, visto no Oriente Médio como imparcial e um bom amigo da Síria, com muitos cidadãos de origem síria, poderia tomar a liderança em uma iniciativa multilateral.

Uma mediação é de fato urgentemente necessária, para quebrar o ciclo da violência e da vingança. Alguns dos que estão atualmente no poder podem precisar de uma saída segura.

Paolo cogitou, a princípio, na hipótese da renúncia de Bashar. Caso o ditador viesse realmente a deixar o poder, seria impensável, naquela altura, lançar as bases republicanas sobre uma democracia dessorada, inconsistente, sobre uma democracia de plástico, que represasse o ódio, num equilíbrio perigoso, entre a humilhação dos derrotados e a vingança dos vencedores. Ele propôs o uso dos expressivos laboratórios do perdão, para lançar uma espécie de base segura para a nova ordem, fruto do consenso e da pluralidade, que constituem as raízes da Síria. O Itamaraty chegaria a desempenhar um papel de relevo discreto no cenário multilateral, instável e complexo, quando a frente de oposição e o governo de Damasco procurassem novos canais de diálogo com países como o nosso, terceira via, neutra, porque sem projetos de dominação. Num e-mail de 10 de agosto de 2011, Paolo exprimia dificuldades e apreensões, tocado, muito embora, por um ínfimo, obstinado, misterioso resíduo de esperança:

> Enquanto isso em Damasco, com a presença do ministro das relações exteriores, Walid al Muallim, começou hoje a missão dos representantes do Brasil, Índia e África do Sul (do grupo dos Brics e países membros não permanentes do Conselho de Segurança da ONU), que chegaram à capital síria com o objetivo claro de induzir as autoridades locais a pôr fim à violência.

Não passou de um gesto fugaz, absorvido pela esponja da propaganda do regime e revertido em favor do governo, sobre o qual recai a maior responsabilidade do conflito na Síria, mãe de todas as violências, que parecia chegar ao fim com a Primavera Árabe, logo desmentida com o vento glacial que se abateu por toda parte.

Paolo confiava sobretudo nos jovens, com os quais promoveu uma série de encontros, disposto a acompanhá-los, mais tarde, pelos caminhos conflagrados, até se deparar, face a face, com a barbárie do futuro Estado Islâmico, em Raqqa:

> Com a crise econômica mundial, aqui se corre o risco simplesmente de permanecer atolado e preso na metade do caminho... Minha esperança é que a corajosa geração dos jovens não violentos se torne sempre mais forte no plano global e provoque uma avalanche geral em direção à democracia solidária.

Paolo não ignora, contudo, o jogo de interesses que ilumina, ou torna obscuro, um conflito articulado dentro da Síria e além-fronteiras. Mas achava que podia agir — e não errou — no corpo frágil e delicado, na pele e nos poros da comunidade de Deir Mar Musa, no seio do deserto, de portas abertas ao diálogo, à altura dos olhos, na poética da hospitalidade, pedra angular que reconhece, na alteridade, a digital da esperança (19 de agosto de 2011):

> Passei esta noite com alguns jovens, falando de nossas angústias iluminadas pela Lua do mês de Ramadã... Estão entristecidos e, repletos de dignidade, indagam o que pode acontecer...

> Em setembro penso em convidar pessoas de cada comunidade em conflito para uma semana de oração, jejum, discussão e discernimento em Deir Mar Musa... talvez seja preciso pedir às Nações Unidas para enviar uma grande força desarmada e pacifista para separar os oponentes, favorecer o diálogo de reconciliação, proteger o processo de democratização... evitar o ciclo de vinganças, garantir a saída de cena gradual daqueles que devem sair de cena, sem humilhações inúteis e danosas.

Eis a tentativa, plena e escassa, lírica e prática, para se desenhar um círculo de paz, em pequena escala, debruçado na janela dos possíveis, opondo-se firmemente à cultura do ódio. Paolo insistia com a não violência de Gandhi, entre a cólera e a luz, nas entranhas funestas da guerra, após ter sido expulso da Síria pelo regime de Assad. Conversamos por telefone, quando deixava sua terra de adoção, com a tácita promessa de voltar, mesmo que o preço fosse demasiadamente alto. Paolo seria expulso por um regime-fênix que renasce na indiferença da comunidade internacional e na dose diária de genocídio, afogando, no próprio sangue, a sociedade civil.

Contra as armas, o jejum, ao menos na aurora escura da guerra, desde a metáfora viril de um país-corpo, quase abatido, com fome de pão e justiça. O jejum foi para Paolo um lance derradeiro, de resistência passiva, antes da defesa necessária das armas. Paolo escreve em 26 de setembro de 2011:

> Estamos no nosso quarto dia de jejum pela reconciliação... estou muito fraco, mas não acredito que a saúde esteja em perigo. Não me parece que existam elementos objetivos que possam sugerir um jejum gandhiano por tempo indeterminado... nem "apenas" para pedir a verdadeira liberdade de informação... mas existe a tentação de fazê-lo para liberar-se desse sentido de inutilidade, de insignificância, de impotência diante de tantas injustiças... e depois talvez exista a tentação de querer professar dramaticamente a si mesmo a própria fé que esse mundo visível não é a última palavra do existir... e que um dia corajoso no campo de batalha dos sentidos vale mais do que trabalhar como um burro de carga!

Em 9 de janeiro de 2013, expulso da Síria, como antecipamos acima, Paolo viajou pela Europa e pelos Estados Unidos, tratando com vários chefes de Estado para a imediata cessação do conflito, sugerindo, num plano meticuloso, o envio de uma grande missão da ONU. Tornou-se impossível não apoiar a oposição armada, diante dos crimes de Assad, como legítima defesa, sem fechar os olhos, contudo, aos crimes e excessos daquela mesma oposição. Foi quando decidiu voltar à Síria, pelo Curdistão iraquiano. Tratava-se de seu amor e solidariedade ao povo sírio, para a conquista da liberdade, sabendo, de antemão, que todos sairiam da guerra como perdedores. Mas não se podia retroceder. Paolo estava com esses jovens santos e loucos. Ele não saberia como, nem poderia abandonar essa trincheira:

Por enquanto estou um pouco ocupado com a revolução...

Espero que se vença logo... em todo caso, com essa imensa tragédia, somos todos perdedores! E depois de todas essas vítimas, como se faz para dizer "paciência, voltemos atrás... façamos outros 40 anos de ditadura... a liberdade e a escravidão são a mesma coisa... busquemos refúgio na vida espiritual... criemos elites estéticas e sufis..."

Não, eu estou com os jovens loucos que querem tudo e logo! Certo, vejo as contradições, os limites e os crimes... Mas vejo que pedir liberdade é um dever sagrado e que é preciso, uma vez na vida, ter esperança e agir para mudar o mundo... e quando não somos nós que decidimos... os eventos nos foram impostos... o Kairós é esse e é trágico!

Em fevereiro tentarei entrar novamente na Síria para ver o que se pode fazer para a reconciliação na fase da queda do regime... se trata de tentar conter massacres e vinganças... isso pode comprometer o valor da revolução, e visto que se trata de revolução islâmica, pode comprometer o islã, que está no meu coração tanto quanto a honra da Igreja... para mim é o mesmo, uma mesma honra, um mesmo e único amor!

Agora sou também um pouco curdo, a partir de hoje tenho uma residência anual.

Vejo aqui alguns líderes, alguns velhos combatentes... vamos tentar trabalhar juntos para construir uma melhor compreensão entre árabes e curdos na Síria.

E continuava a trabalhar pelo diálogo, sem imaginar que o Estado Islâmico chegaria ao Curdistão. É comovente perceber como Paolo foi antes de tudo um amigo do diálogo, abrindo comunicação entre árabes e curdos.

Um inesperado raio de luz veio com a eleição do papa Francisco, jesuíta como Paulo, que escolheu o nome do santo de Assis, aquele que encarnou o diálogo com o Oriente, a partir de Damieta, segundo escreve em 16 de março de 2013:

> Devo escrever sobre o papa Francisco... uma grande emoção e uma profunda esperança.
>
> Francisco é também o homem de Damieta, do encontro com o Sultão durante a cruzada.
>
> Tenho esperança de um Concílio de Assis.

A palavra esperança é recorrente nas cartas de Paolo, ora como lua minguante, ora como lua crescente, abalada com a morte em massa de velhos, mulheres e crianças. Ele analisava com propriedade a relação do tráfico de drogas que alimenta o governo de Assad, a natureza mafiosa do regime, sob vários ângulos, e os grupos radicais. Sobre os procuradores da guerra, que fizeram da Síria uma arena entre sunitas e xiitas, como depois no Iêmen, Paolo reconheceu não apenas a mesma relação do regime e dos islamistas com o narcotráfico e os petrodólares, como também sublinhou fatias de convergência entre duas linhas politicamente inimigas:

> os grupos islamistas clandestinos (não uso por diversos motivos as palavras "terrorista" e "jihadista") estão eles mesmos envolvidos no mercado das drogas e depois são controlados e usados por governos corruptos... a conexão entre os serviços secretos sírios e iranianos com os grupos sunitas extremistas é amplamente demonstrada em toda a região do Oriente Médio, ainda que pareça contra a natureza em relação ao conflito sunita-xiita!
>
> A única resposta será aquela da democratização global ou a vitória dos impérios mafiosos globais... se deverá escolher.

Num de seus últimos e-mails, de 10 de janeiro de 2013, Paolo, como fazem os amigos, ironiza afetuosamente minha tentativa inútil de demovê-lo da ideia de voltar à Síria ("Prometo que tomarei todos os cuidados, agora que você sabiamente me convenceu de que sou insubstituível!"). Em seguida, reafirma sua coragem: "Claro, eu me sinto tentado a caminhar para a morte, para o sacrifício... quase para insultar um céu e alguns deuses insensíveis..."

48

Seria um protesto definitivo, catártico e simbólico, atenuado, poucas linhas depois, como quem tempera uma hesitação, ou procura domar o instinto de morte, essencialmente premonitório: "... mas a educação e o Evangelho e a responsabilidade... e talvez a vontade de viver e o instinto de sobrevivência me conduzem a conselhos mais moderados. Resta uma vontade ilimitada de solidariedade com esse povo crucificado."

E mais adiante, a promessa que não se cumpriu: nosso encontro num futuro breve para ajudar a Síria a se reerguer de seus escombros, uma vez terminada a guerra. Promessa que se inscreve (hoje) num doloroso futuro do pretérito: "Talvez chegue o momento de o Brasil se tornar disponível para uma ação da ONU... e depois em breve estaremos juntos para fundar uma comissão brasileira para reconstruir a Síria."

postais romenos

*Aqui é
minha casa.*

Lucian Blaga

Mincu: diário de Drácula

Nesses últimos anos houve uma devastadora epidemia de vampiros, que assolou nosso mercado editorial. Monstros aparentados com Drácula ou com a brigada de diabos dantescos, sob os raios canônicos da lua, com seus caninos não menos clássicos e afiados. Podemos tomar tranquilamente um bom café na companhia do conde romeno e suas variedades: um sem-número de figuras, todas ligadas a Drácula e ao vistoso príncipe do mal.

Dentro desse conjunto disperso, destaco a antologia de Bruno Berlendis sobre a biodiversidade ficcional dos vampiros. Trata-se de um importante atlas literário, com vagas abertas para uma zoologia mista.

Dessa não pequena literatura gótica, chega ao Brasil uma interpretação firme, que reage à saturação hematófoga e folhetinesca. Refiro-me ao romance do romeno Marin Mincu, patrício da terra dos vampiros, que explora a vida de Drácula, aliás, do príncipe Vlad III da Valáquia, de tal maneira que os limites da história e da ficção afrouxam a dura vigilância alfandegária que porventura as distingue, no uso de antigos documentos, distribuídos com severo tônus poético, ao longo e ao largo do romance.

É mais difícil descrever Marin Mincu do que o próprio conde Drácula. Tenho para mim que um depende do outro, tão imbricados se mostram como personagens.

Peço que isso permaneça em segundo plano, leitor, para que não me acusem de repisar, de forma ingênua, a velha e descabida dependência entre o autor e sua obra.

Marin Mincu nasceu em Slatina, no ano de 1944, e faleceu, em 2009, no apartamento de Bucareste.

Como defini-lo?

Mincu era um vulcão em plena atividade, expelindo fogo e lava a cada sentença. Admirado e odiado por todos, querido por poucos, em estado de guerra permanente, com tímidas pausas de armistício. Vivia mordido pelo desafio, pela presença instigante do adversário. Como se habitasse a arena de um coliseu imaginário: um leão ávido de carne poética. Mais do que da carne, do sangue, tão impiedoso e devastador se fazia. Não importava se fossem iniciantes ou medalhões. Dava no mesmo: eram troféus de caça. Queria simplesmente esmagá-los. Proclamar-se vencedor. Depois disso, trazia o adversário de volta, ajudava-o a se recompor, fazia as pazes e criava laços de amizade. Mas durava pouco. E uma nova luta se iniciava, mais ferrenha ou impiedosa.

Não lhe faltavam interlúdios generosos, como no sem-número de prefácios que lhe requisitavam de todo o país, ou nas páginas da revista *Paradigma*, aberta para amigos e desafetos. De temperamento flutuante, ia de gestos rudes a rasgos de delicadeza. Anjo ou monstro, de acordo com as opiniões excessivamente polarizadas.

O diário de Drácula o tornou mais conhecido na Europa, cuja publicação foi recomendada por Umberto Eco. O que não espanta, pois o paralelo de *O nome da rosa* com *O diário de Drácula* é possível, através de alguns pontos: na moldura do quadro da história, nas cores do desenho ficcional, desde o estudo das fontes à ideia do manuscrito, ou no ritmo da aventura intelectual. Mas esse paralelo não passa da superfície. O Drácula de Mincu é resultado de uma pesquisa mais restrita e menos ambiciosa que a de Eco, mais centrada numa escritura poética.

Temos no diário a voz do conde Vlad, repassando os momentos-chave de sua vida, com lances de ironia, desabuso e crueldade, entrecortados por interlúdios de poesia. Uma personalidade variegada, essa do conde Vlad, amigo de incunábulos, exímio poliglota, íntimo dos clássicos, leitor dos pensadores de sua época, dentre os quais os legendários Marsílio Ficino e Nicolau de Cusa —, atento à Academia Platônica de Florença, ao mundo das ideias e ao mito da caverna, intrigado com a poesia mística, sem jamais ter sido, como é óbvio, um *bêbado de Deus*. Se não deixou de ser um homem de cultura, foi acima de tudo um homem de ação e resistência, a esperança viva do papa Pio II, e de toda a cristandade, no combate que Vlad travou contra os turcos, combinando a arte da guerra com astúcia e crueldade.

Nas páginas de Marin Mincu, vemos o conde nas ruelas fascinantes de Istambul, nas águas claras do mar de Mármara e nos minaretes que despontam da antiga basílica de Santa Sofia. O herói de Marin conhecia bem os "inimigos da cristandade" e parece mesmo que Vlad começou a ser Drácula, a partir das atrocidades que lhe foram infligidas nas ruínas de Bizâncio.

E, no entanto, o desfecho das lutas internas determinou sua derrota. Capturado por Matias Corvino, vive, ao longo do romance, seus últimos dias numa prisão escavada sob o Danúbio. Escreve protegido por uma densa escuridão, pontilhada de ódio. E talvez de uma ponta de saudade, na companhia de ratos e mistérios insolúveis.

O livro é uma espécie de romance de formação, cujo sangue derramado, e crueldade, lembram o *Heliogábalo* de Artaud, menos pelos episódios ferozes, do que pelo espírito de desafio e liberdade, em que se ajusta o foco narrativo.

Não tenho dúvida de que Marin Mincu foi dos intelectuais mais completos da Romênia no fim de século, ao lado de Marin Sorescu, Mihai Zamfir ou Nicolae Manolescu. A inovação teórica da investigação, as janelas da poesia, os livros de ensaio e antologias são obras de repercussão, que lhe renderam o prestigioso prêmio Herder. Além do romance *Intermezzo*, de leitura mais exigente, Mincu é autor de *O diário de Ovídio*, seu romance mais completo, em que se volta para a cultura daco-trácio e para a língua latina, que são tesouros da cultura romena.

Devo confessar que hoje me sinto mais próximo de Ovídio que de Drácula, pela sua tessitura poética.

Do último encontro que tive com Marin Mincu, no café Capşa, ficou-me a certeza de que ninguém mais do que ele poderia escrever o diário de Vlad.

Disse-lhe que, correndo o risco de me tomar por um Sainte-Beuve, eu tinha a certeza de que ele era a única pessoa capaz de escrever um livro feroz e comovente, estranho e familiar, com impensados clarões de poesia.

Interrompeu-me, irônico: *"Foarte bine, Dracula sunt eu"* (pois muito bem, eu sou Drácula). Salvei-me com as palavras do Evangelho e respondi, aliviado: "Marin, tu o disseste."

Cioran ou da dissolução

Uma noite de inverno naquele mesmo café do capítulo anterior, ainda em Bucareste. Um amigo draculíneo destila ideias para o centenário de Emil Cioran, com algumas cartas do filósofo em mãos. Um copo de *tsúica* e a reiteração da matriz romena de Cioran e do diálogo deste com Ionescu e Eliade. Mas também Constantin Noica, das *Seis doenças do espírito contemporâneo*, Alexandru Dragomir, discípulo de Heidegger, e do profundo e incontornável Lucian Blaga. Parecia fundamental atingir os fantasmas romenos, de que estão impregnadas as ruínas de Cioran.

Nascido em Răşinari, em abril de 1911, no sul da Transilvânia, Cioran atinge sólida formação em Bucareste e na Alemanha. Segue depois para a França, em cuja língua passa a escrever desde então (*esse idioma emprestado, com suas palavras sutis, carregadas de fadiga e pudor*), deixando atrás de si uma importante bibliografia romena.

De suas primeiras obras, ainda mal conhecidas entre nós, sublinho *O livro das ilusões* (*Cartea amăgirilor*), a que daria o subtítulo de um de seus capítulos: Mozart e a melancolia dos anjos. Considero aquelas páginas uma fantasia para cordas, como se fosse o primo consanguíneo de *A origem da tragédia*, nas grandes linhas melódicas que unem e separam as partituras dessas obras solitárias. Sobretudo na aurora (ou ocaso) de uma subjetividade prestes a se dissolver: "Somos tantos os que perderam o individual, a existência, que nossas solidões crescem sem raízes, como as algas abandonadas à mercê das ondas."

Das obras romenas, *O livro das ilusões* é aquele no qual se define sua linguagem madura: as síncopes ou *staccati* de tirar o fôlego, os oximoros de alto impacto conceitual e as constelações de fragmentos, iluminados por suas

virtudes potenciais. Um livro dolorosamente arrebatado, com a melodia-
-pensamento pautada da primeira à última frase na poesia de Eminescu.

Há em Cioran um cerrado confronto metafísico na esfera do trágico,
em seu diálogo com Botta e Eliade, uma espessa dialética vizinha ao pensamento de Blaga. E certamente Nietzsche, Schopenhauer, Dostoiévski. A
educação filosófica de Cioran, além de longitudinal, revela-se articulada
e cosmopolita. No fim da vida, reconhece uma herança gnóstica de velha
cepa, que remonta à cultura balcânica: "Por mais que desejasse libertar-me
de minhas origens não consegui. Ninguém alcança libertar-se de si mesmo."

Na história das formas breves que dominaram o século XX, Cioran
ocupa lugar de destaque. Disse de si mesmo que era "um homem do afo-
rismo". Seus fragmentos — como os cristais das *Banalidades*, de Dragomir,
ou os grumos do *Tractatus*, de Wittgenstein — respiram uma condensada
história da filosofia. Não passam de esplêndidas ruínas, arrancadas de
passagens reflexivas, mediante o martelo filosófico de Nietzsche: cheias
de brilho feroz, varadas pela sinergia das coisas incompletas.

Cioran não espera o socorro de um horizonte conceitual devastado,
através de possível solução totalizadora, nem clama por um anjo capaz
de preencher lacunas, ou de soprar, com sua trompa dourada, a melodia de um todo esquecido. Ao contrário, o filósofo ilumina a tensão de
um pensamento propositadamente aerado ou disperso e advoga, como
ninguém, a *volúpia do insolúvel*: "Nunca tentei aplainar, reunir ou conciliar o irreconciliável."

Uma poderosa nuvem de fragmentos, portadora de tensão efervescente, jamais um sistema pronto e acabado.

Daí sua inclinação pelas cartas de Nietzsche, em que brilha um discurso impreciso e tateante, fora do profético ou do absoluto de Zaratustra,
diante de quem Cioran já não vibrava como outrora.

O programa desse não programa surge com o ensaio "Uma forma
especial de ceticismo", quando o jovem filósofo romeno dos anos 1930
aposta no excesso da dúvida:

> o valor do cético na antiguidade media-se a partir da tranquili-
> dade da alma. Porque não deveríamos criar, nós, que vivemos
> a agonia da modernidade, um *ethos* trágico, em que a dúvida e o
> desespero se confundissem com a paixão, com a chama interior,
> num jogo estranho e paradoxal?

Para alguns estudiosos, aquele paradoxo levou o filósofo a atingir *as afecções e as tonalidades emotivas da alma*, assumindo um lirismo mitigado e uma inquietação irreversível, isenta de paz, sob uma ótica lúcida, diante do paroxismo das coisas que nos cercam. Não havendo salvação no plano da história ou da metafísica.

Nesse vasto percurso, como em *Silogismos da amargura* ou *História e utopia*, a dimensão do devir e a reserva de esperança deixam de fazer sentido na filosofia da história, nos modelos de Hegel ou Marx, para não falar das teologias da história, igualmente anódinas e ilusórias. "Há mais honestidade e rigor nas ciências ocultas do que nas filosofias que atribuem um *sentido* à história."

Cioran foge das grandes sínteses em que o sujeito se desfaz nos mares da abstração. Nada se pode esperar. Nada se pode oferecer aos altares vazios da duração e da utopia. Acabou o tempo em que os faraós inscreviam seu nome na memória das rochas. Para Cioran os ciganos são o verdadeiro povo eleito: "Triunfaram do mundo por sua vontade de não *fundar* nada nele."

Aqui está todo um sentimento. Mais que um sistema. Cioran vive. Porque não reúne nem organiza. Dissolve. Apenas dissolve. E não corre poucos riscos aquele que dissolve, quando afirma que

> as únicas utopias legíveis são as falsas, as que escritas por jogo, diversão ou misantropia, prefiguram ou evocam as *Viagens de Gulliver*, bíblia do homem desenganado, quintessência de visões não quiméricas, utopia sem esperança. Através de seus sarcasmos, Swift varreu a estupidez de um gênero até quase anulá-lo.

O que nos resta fazer, afinal, senão dissolver a tessitura da utopia, desfibrar-lhe os pontos de sua trama, purificá-la dos últimos resíduos de moralina? A utopia e o Apocalipse formam a dupla face dos tempos que correm. Ambos se contaminam mutuamente, criando, assim, um modo capaz de traduzir nosso inferno, ao qual havemos de responder com um sim, *correto e desprovido de ilusão. Irrepreensíveis diante da fatalidade.*

Cabe ressaltar ainda a boa tradução de José Thomaz Brum do pensamento de Cioran, com quem se correspondia em 1991, quando publicou seu primeiro livro no Brasil — *Silogismos da amargura* —, alterando inclusive trechos do original, a pedido do autor, quando o visitou no apartamento da Rue de L'Odéon.

Entre outros estudos de Brum, sublinho *O pessimismo e suas vontades: Schopenhauer e Nietzsche* — tese de doutorado defendida em Nice e orientada por Clément Rosset. O que nos diz da forte ligação do tradutor com a sagrada família a que de algum modo pertence, sem de todo pertencer, o inclassificável Cioran.

Tiro de *Breviário de decomposição* o seguinte fragmento:

> Uma caverna infinitesimal boceja em cada célula... meu sangue se desintegra quando os brotos se abrem, quando o pássaro floresce. Invejo os loucos sem remédio, os invernos do urso, a secura do sábio, trocaria por seu torpor minha agitação de assassino difuso que sonha crimes além do sangue.

Um assassino difuso para conter a febre das utopias e o delírio da história. Eis a tarefa de Cioran, que não hesitaria subscrever o poema "Autorretrato", de Nichita Stănescu, sobre o precário da humana condição: "Sou apenas uma mancha de sangue que fala."

A interlíngua de Ghérasim Luca

Celebro a pequena antologia do poeta Ghérasim Luca. Não merecem passar em brancas nuvens o livro e o poeta, e não somente pela efeméride dos cem anos de seu nascimento — porque não lhe devem faltar outros, no futuro —, mas pelo vigor de um laboratório verbal que ainda produz uma linguagem de combinações químicas em estado latente.

Eis a razão pela qual os leitores de Khlébnikov e Guimarães Rosa se acham convocados desde já.

Os que consideram a poesia uma intangível máquina de guerra, no silêncio e na palavra, ou uma síntese de opostos, os que defendem uma semântica radical ou uma política da fricção no centro e no abismo da poesia, reconhecem, todos, na obra de Luca, um golpe de estado na linguagem, em suas entranhas ásperas, cruciais, como cantou em versos famosos:

> respirar profundamente no vazio
> jogando vazio e morte para trás
> ao mesmo tempo
> abrir a morte de cada lado das ideias
> vida e angústia na frente
> fazer uma pausa
> aspirar pelo vazio.

Abismo e vazio dentro do qual se lançaram, fisicamente, recusando limites entre a metáfora e a vida, Paul Celan e Ghérasim Luca, da ponte Mirabeau sobre o Sena: este em 1994, aquele em 1970. Ambos romenos de nascimento, de raízes judaicas, rebatizados como poetas, abertos a uma nova língua e destino. Celan foi dos maiores nomes da literatura alemã do século XX, assim como Luca vem adquirindo espessura na crítica francesa da última década. Ambos levados pela correnteza de uma vida apátrida e bilíngue, embora essencialmente romenos, como demonstram os livros de Cugno, Mincu e Pop. Romenos do ponto de vista da cultura, plurilíngue e experimental, que é o que importa, e não dentro de uma esfera territorial.

A tradução de Laura Erber habilita-a a inscrever seu nome entre os que tecem, no Brasil, uma aproximação com a poesia romena, como Luciano Maia, Carolina Floare, Fernando Klabin e Caetano Galindo, entre outros, escassos e bons. Um atlas bilateral, entre nossos países, foi editado por Ático Vilas-Boas, com pouco mais de mil páginas, a demonstrar o volume de um diálogo que jamais deixou de acontecer, embora tímido e esquivo, de parte a parte, precário, intermitente.

Mas é preciso não insistir em demasia num Luca romeno, desconsiderando a insurgência de sua poesia, longe de uma pobre e absurda "geolírica".

Como lembra Sarane Alexandrian, bem a propósito, a poesia sonora de Luca não se reduz simplesmente a um domínio romeno ou francês, mas a um não domínio, a uma espécie de *no man's language*, uma língua de ninguém e, portanto, de difícil negociação com críticos nacionais, dublês de sequestradores. Penso no poema que diz, alternando entre maiúscula e minúscula, como um grafite na página:

gReve
Geral
sem fim
nem começo

A POESIA
SEM LÍNGUA

A REVOLUÇÃO

SEM NINGUÉM

O AMOR
SEM FIM.

Há uma ideia de fundo na antologia que aprecio, e que consiste na oposição a dois cativeiros para Luca: o do surrealismo e o do construtivismo, divorciados, como se o reivindicassem de forma exclusiva, rompendo a integridade de um projeto, o de nosso poeta, que se amplia numa coleção de fragmentos ou que se espalha numa constelação de poemas. Seria um erro clamoroso dividi-lo entre duas rubricas, nem sempre irreversíveis, como querem alguns.

Destaco também o paralelo — inescapável — de Luca e Antonin Artaud, mais precisamente do Artaud radiofônico do "Para terminar com o julgamento de Deus", que é um grito primitivo, crucial e performático, herança do teatro da crueldade e dos fantasmas de um mundo que se multiplica por dois.

Quem melhor do que Antonin Artaud poderia ter apreciado esses versos de Luca?

> Passi de passigrafia gra fifi
> grafia de fifi
> fifia fena fenakitis
> fenakitis coco
> fenakitiscópio fifi
> fofo fifi fofo do do
> do domine do foto mime fifi

Não tenho dúvidas, porém, que a maior experiência do século XX na esfera criativa da poesia, como "inventa-línguas", passa pelo desafio da língua transmental (zaum), do poeta russo Velimir Khlébnikov, no jogo do acaso e da necessidade, no embate de forças criativas, em que o labirinto da etimologia e o esforço apolíneo da gramática se equilibram como numa espécie de trapézio entre galáxias, dionisíacas, irregulares. Justo ele, Khlébnikov, "presidente do globo terrestre", compondo palavras-cabide, sonoridades coladas ou não às marcas de sentido, música e palavra, como um Liszt moderno, debruçado no teclado, com inúmeros pianismos, variações sobre um tema sempre nômade, ou circular, colhendo um buquê de dissonâncias.

Há uma troca permanente entre Khlébnikov e Luca, *por lapsus linguae/ por lapsus vitae*.

Os trechos dos poemas citados de Luca provêm da tradução de Annie Cambe e Laura Erber, que fecham o volume. Suspeito (e desejo) que a pequena e bem formada antologia guarde a promessa de uma edição maior dos poemas de Ghérasim Luca, com seus pináculos e ascensões.

George Bacóvia: agenda de tradução

5 de março de 2011

Sintonizo a inexistente rádio Bacóvia e ouço uma sonata de Mozart, movida por conflitos, dissonâncias. Como se um DJ misturasse notas, ritmos, pulverizando um *larghetto* em profusão de síncopes. A poesia de Bacóvia (1881–1957) cresce justamente no vazio em que se inscreve. Não posso perder na tradução a série de *staccati*, reticências, mudanças de registro.

6 de março de 2011

A sintonia da rádio Bacóvia é delicada. Não se pode eliminar a estática. Os ruídos da tradução para o português serão bem-recebidos em ondas curtas. Como as "meninas" de Velimir Khlébnikov. Como o "o sol negro" de Osip Mandelstam. O encanto de um cisne, eminentemente branco. Alguém reuniu o sentimento–ideia da brancura e do cisne num processo de fusão, ao dizer *cisnencanto*.

6 de março de 2011

Noite.

Ouço na livraria Humanitas, de frente para a igreja Crețulescu, o CD Bacóvia. O gesto fundamental do poeta lendo seus versos, como "Amurg Violet" e "Nervi de Primăvară". Uma partitura curiosa. Sem música. Sem ênfase. Sem colorido. Lembro-me de Sergiu Celibidache — seu contrário — ao reger a segunda rapsódia de Enescu.

7 de março de 2011

Comparado ao ouvido absoluto de Verlaine, Bacóvia é praticamente surdo. Essa é a tese de Nicolae Manolescu, segundo a qual o poeta romeno desfez a orquestra simbolista. Reduziu-lhe os instrumentos. Desafinou com sabedoria. Nessa falha, a qualidade da obra. Longe dos preceitos do puro bel canto, os valores negativos. Silêncio e incompletude. Assim, ao traduzi-lo, *pas de la musique avant toute chose*.

7 de março de 2011

Tarde.

Para lidar com os fragmentos da poesia de Bacóvia, registro a leitura de Heidegger da palavra abismo — *Abgrund*. Suspenso numa condição, *Ab-Grund*.

> *Din Urmă*
>
> *Poezie, poezie...*
> *galben, plumb, violet...*
> *Şi strada goală...*
> *ori aştetptări târzii,*
> *şi parcuri îngheţate...*
> *poet şi solitar...*
> *galben, plumb, violet*
> *odaia goală,*
> *şi nopţi târzii...*
> *îndoliat parfum*
> *şi secular...*
> *pe veşnicie...*

No fim

Poesia, poesia...
amarelo, plúmbeo, violeta...
a rua deserta...
a espera tardia,
e os parques congelados...
poeta e solitário...
amarelo, plúmbeo, violeta,
a sala deserta,
e as noite tardias...
perfume doloroso
e secular...
por toda a eternidade...

15 de março de 2011

Os versos de Bacóvia crescem para dentro de si mesmos, segundo uma economia solidária entre os fonemas. Como por acréscimo. Tonalidades delicadas. Progressivas.

2 de abril de 2011

Sigo um registro quase sem variedade. Como nas litanias da igreja ortodoxa — as *ectenie*. E, contudo, nada em Bacóvia responde no plano da salvação. Uma perene orfandade rege seu mundo. Na dispersão do branco. Na contração do preto. E, finalmente, o cinza, que domina de modo constante, senão avassalador, aquela terra pluvial, ligada à cor de chumbo.

La Ţărm

O, gând amar...
singuratăţi,
pribege seri de primăvară,
parfumuri ce se duc pe vânt
şi flaute din stânci de mare...
— A fost ca niciodată...

şi valuri ce fosnec la ţărm,
îngrijitoare asteptări,
singurătăţi
şi flaute
din stânci de mare...

Na Praia

Ah! Pensamento amargo...
solidão,
as noites vagas de primavera,
perfumes que se espalham pelo vento
e flautas nos arrecifes do mar ...
— Era uma vez...
e as ondas junto à praia a murmurar,
esperanças inquietas,
solidão
e flautas
nos arrecifes do mar...

15 de abril de 2011

Os céus escuros de metal de Georg Trakl (*schwarze Himmel von Metal*)
reaparecem aqui, mantendo a rima *al*, além do título exato do poema-
-origem, *"Winterdämmerung"*:

Amurg de Iarnă

Amurg de iarnă, sumbru, de metal,
câmpia albă — un imens rotund —
vâslind, un corb încet vine din fund,
tăind orizontul, diametral.

Copacii rari, şi ninşi, par de cristal.
Chemări de disparitie mă sorb,
pe când, tăcut, se'ntoarce-acelaş corb,
tăind orizontul, diametral.

Crepúsculo de inverno

Crepúsculo de inverno, frio, metal
um prado alvíssimo — amplo, rotundo —
já vem remando um corvo lá do fundo,
cortando o horizonte, em diagonal.

As árvores na neve são cristal.
Funestos pensamentos absorvo,
e volta o mesmo silencioso corvo,
cortando o horizonte, em diagonal.

15 de abril de 2011

Uma agenda em diagonal? Não há poema aqui definitivo. Ensaios.
Tentativas. Como se o Desejado seguisse mais perdido. Ou, quem sabe,
como se o mais Perdido seguisse Desejado.

Luceafărul/ Vésper/ Eminescu

para Irina Mavrodin e Mihai Zamfir

Se tivesse de levar um amigo a conhecer a obra de Mihai Eminescu, começaria com um poema líquido, de fundo camoniano-provençal, que fosse, ao mesmo tempo, uma viva introdução à língua romena.

Havia de escolher "Réplicas", que é um diálogo entre o poeta e a musa, sob uma chuva de vogais bem-timbradas. Quase não daria tradução alguma, para que a harmonia da língua de Eminescu chegasse límpida e clara. A tradução de todos os poemas, neste capítulo, são da autoria de Luciano Maia:

> *Poetul*
> *Tu eşti o undă, eu sunt o zare,*
> *eu sunt un ţărmur, tu eşti o mare,*
> *tu eşti o noapte, eu sunt o stea*
> *iubita mea.*

> *Iubita*
> *Tu eşti o ziuă, eu sunt un soare,*
> *eu sunt un flutur, tu eşti o floare,*
> *eu sunt un templu, tu eşti un zeu*
> *iubitul meu.*

> *Tu eşti un rege, eu sunt regină,*
> *eu sunt un caos, tu o lumină,*
> *eu sunt o arpă muiată-n vânt*
> *tu eşti un cânt.*

O Poeta
Tu és uma onda, sou um horizonte,
eu sou uma margem, tu és o mar,
tu és a noite, sou estrela-guia —
amada minha.

A Amada
Tu és um dia, eu sou um sol,
sou borboleta, tu és a flor,
eu sou um templo, tu és um deus —
amado meu.

Tu és um rei, sou uma rainha,
eu sou um caos, tu és uma luz,
sou uma harpa molhada ao vento —
tu és um canto.

Um trecho que mostra o desenho da melopeia, para dar vez ao diálogo entre duas línguas irmãs, entre dois sistemas poéticos integrados no horizonte da latinidade. Palavras novas e antigas. Muitas das quais perceptíveis, com estranha familiaridade. E as rimas transparentes.

Mas a obra de Eminescu não se resume a um conjunto de vasos de porcelana, é antes uma complexa constelação, de que desponta o laboratório do poema "Luceafărul", na soma dos raios e distâncias azuladas (*în depărtări albastre*), no brilho intermitente das estrelas e nas profundas dimensões do espaço–tempo. Como no famoso poema "La Steaua", ao longo dos *interminados espaços* vividos por Eminescu e conjugados, mais tarde, na poesia escura de Vladimír Holan, sob o impacto de uma jornada sideral.

"La Steaua" reaparece transfigurado nos lábios de Catalina, do poemeto "Luceafărul", prova da migração interna na obra de Eminescu, de um permanente deslocamento de volumes poéticos. E como crescem os versos *desplaçados* no diálogo da mulher que se apaixona pela Estrela da Manhã, em províncias de profunda metafísica até então impensadas na poesia romena.

Diante de uma obra de grande proporção, nunca é demais exorcizar a tautologia do discurso monumental, os epítetos que se repetem sobre

Eminescu, *último grande poeta, aparição meteórica, gênio sem paralelo*, e outras formas vazias de significado, como advertiu George Popescu, num ensaio de alta voltagem metodológica, no qual propõe o *pensiero debole* de Vattimo para deflacionar a espuma excessiva dos adjetivos.

Antes mesmo de aduzir um aspecto central da eminescologia, parece oportuna a citação de Mircea Eliade, no viés de uma geolírica, ao mesmo tempo expansiva e aglutinante, ao traçar o paralelo entre dois grandes poetas:

> Mihai Eminescu contribuiu de forma extraordinária para o alargamento do horizonte espiritual europeu como "conquistador de novos mundos". Tal como Camões, Eminescu explorou uma vasta e selvagem "terra incógnita" e transformou em valores espirituais experiências anteriormente consideradas como desprovidas de significado. Camões enriqueceu o mundo latino com paisagens marítimas, com flores estranhas, com belezas exóticas. Eminescu enriqueceu o mesmo mundo com uma novidade geográfica, a Dácia, e com novos mitos [...]. A sua obra-prima, "Luceafărul", pode ser considerada como um dos mais belos poemas da literatura universal e a sua metafísica, a dimensão cósmica do drama de Hyperion, a beleza estranha, dir-se-ia litúrgica, dos seus versos, são acréscimos ao universo mental da latinidade.

Eliade não se perde na selva da tese de uma latinidade úmida e escura, que sonha com a restauração de uma perdida Roma. Ele evidencia a paixão absorvente da alteridade, capaz de criar um mundo novo. A ilha dos amores de Camões e a cultura geto-dácica de Eminescu criaram uma vida fluida, razão por que Vasco da Gama e Vésper vagam peregrinos pelo mundo. Como fantasmas vivos, longe das páginas que lhe deram vida.

Fechada a janela da latinidade, recorro a uma questão precisa na crítica em torno de Eminescu, para sair do fragmento das "Réplicas" ou de "À estrela" e alcançar um sistema de complexidade maior, nos desertos e penhascos da interpretação, entre cujos desafios assoma um sem-número de aporias das obras inacabadas ou não publicadas.

Eu partiria da estética geológica de Negoiţescu, que sugere o aspecto abissal da criação do poeta, de cujo solo emerge uma poesia netuniana — dos versos publicados em vida, comparáveis à *terra formada pela ação das águas,* que se origina dos *estratos mais tangíveis do espírito* — e uma poesia plutônica — da obra não publicada, do *zibaldone* de Eminescu, *da rocha nascida do fogo subterrâneo, a emergir das profundezas, onde se agitam as chamas escuras.*

Foi Mihai Zamfir quem ultrapassou os limites da dialética geológica, ao abandonar a ideia acidental de édito e inédito, para atingir outra polaridade mais produtiva, do épico e do lírico, apta a explicar os sentidos multifários da obra em questão, como também boa parte da poesia romena do século XX, como se esta potencializasse o território eminesciano, dentro do qual se movem — a meu ver — Bacóvia e Stănescu, Barbu e Pilat, Bogza e Sorescu. E a lista seria bem maior. Diz Zamfir:

> A distinção em vida/póstumo, sob cujo signo Negoițescu formulara a sua célebre análise da poesia eminesciana, deve ser reformulada: trata-se de pequenos poemas versus grandes poemas; com efeito, entre o que Eminescu considerava publicável, com base nas normas comuns da época, e a imensa quantidade de versos conservados no depósito escondido. Petru Creția, após as descobertas feitas como editor e exegeta, acreditava que a oposição vida/ póstumo se tornara irrelevante. Acreditamos que deveria ser apenas corrigida no sentido antes sugerido. O "polo épico", a zona primordial de sombra e de intimidade eminesciana, há de se opor ao "polo lírico", no sentido comum, como zona de relativa luminosidade e conformismo. O imenso cosmos romântico de que agora falamos cristalizou-se ao redor daqueles dois polos, limites visíveis de um mundo poético entre os menos conformes ao espírito geral da poesia romena.

Considero esse horizonte como um programa de reversão metodológica, voltada para um Eminescu total, não sufocado por clivagens regionais e zonas de silêncio, justificadas por razões de ordem nosográfica ou por certa crítica genética de aspiração liliputiana.

Gosto de citar as páginas de Rosa del Conte, autora do livro *Eminescu ou do absoluto*, com suas intuições fulgurantes. Poucas palavras para definir "Luceafărul", no trânsito impossível entre imanência e transcendência: "Figura de um drama, provocado por uma dupla aspiração: do terreno para o divino e do divino para o terreno, aspiração percebida, contudo, e vivida com um pathos diverso pelos dois protagonistas."

A separação entre mundo terrestre e celeste não conhece licença poética. E tampouco se inscreve no salto característico da obra de Dante, das alturas do Empíreo. O drama dos mortais guarda afinidades com o "Hyperions Schichksalslied", de Hölderlin, atirados de pedra a pedra, *von Klippe zu Klippe geworfen*. Mas não se trata de um capítulo de influências, o de Eminescu, mas o de um maço de confluências, que se estende num espaço outro, abrasado pela chama singular da poesia.

Para críticos de menor fôlego, a leitura de Eminescu não passa de uma sucursal sainte-beuviana, em que importa definir o estado de saúde do poeta para desvendar-lhe muitas páginas. Tem razão Nicolae Manolescu, referindo-se a "Vésper" como

> um poema metafísico que sai das tensões da alma de Eminescu para a sua hipóstase essencial. As contínuas metamorfoses indicam um drama. Lacerante a princípio, a alma lírica reconquista a unidade ao fim. O diálogo das vozes exprime a aventura metafísica: a aspiração e a renúncia, o sofrimento e o êxtase, a confiança e a desilusão, a ligeireza e a paixão, a resignação e o sarcasmo. E é algo a mais do que um poema sobre a condição do poeta: "Luceafărul" se dirige, ao contrário, à condição humana.

O grau metafísico de "Vésper" é alto. Lembra algo de "O demônio", de Liermontov, com seus castelos e vertigens, o drama das alturas e do espaço. Mas a comparação não progride. Há no poema de Eminescu uma estranhíssima clareza, que não encontro no poeta russo. Uma rara solidão. Algo como um princípio mozartiano de superfície que, aos poucos, revela um fundo de impensadas dissonâncias, no seio das camadas plutonianas. Poema de expressão luminosa, marcado por escuras harmonias. Bem mais escuro que "O demônio".

"Luceafărul" é vazado numa perspectiva onírica — como lembram Edgar Papu e Marco Cugno, entre sonho e *rêverie* —, é filho do *Sono de Cipião* e da inacabada abertura de espaços que havia de chegar a Milton. Impressiona a viagem de Vésper ao Pai, para pedir-lhe enfim que o livrasse de sua condição mortal. Sobe ao céu mais alto. Não há máquina do mundo como em Camões. Mas uma sugestão de *sobre-humanos silêncios*. Vésper sobe, atravessa milênios num instante. Deixa um oceano de estrelas acima e abaixo de si. Avança nas paragens azuis da madrugada. Como os pássaros de Attar. Como o canto III do *Paraíso perdido*, de John Milton. Num mundo sem fronteiras:

> *Porni luceafărul. Creşteau*
> *În cer a lui aripe,*
> *Şi căi de mii de ani treceau*
> *În tot atâtea clipe.*

> *Un cer de stele dedesubt,*
> *Deasupra-i cer de stele —*
> *Părea un fulger nentrerupt*
> *Rătăcitor prin ele.*

> *Şi din a chaosului văi,*
> *Jur împrejur de sine,*
> *Vedea, ca-n ziua cea de-ntâi,*
> *Cum izvorau lumine;*
> *.................................*
> *Căci unde-ajunge nu-i hotar,*
> *Nici ochi spre a cunoaşte,*
> *Şi vremea-ncearcă în zadar*
> *Din goluri a se naşte.*

> Vésper partiu. Cresceram tanto
> Suas asas de gigante,
> Que ele milênios percorreu
> Ao passar de um instante.

> Um céu de estrelas por debaixo,
> Acima um céu de estrelas —
> Igual a um raio que não cessa,
> Vagava em meio delas.

Pelas caóticas paragens,
Ao redor dos azuis,
Como a primeira madrugada,
Viu irromper a luz;

....

Até onde vai, não há limites,
Nem olhos para ver,
E o tempo intenta, sempre em vão,
Desse caos renascer.

Chega a uma espécie de céu dos céus, e implora ao Pai, senhor da Vida e da Morte, que o liberte de sua imortalidade. Tudo por uma hora de amor. Não mais que uma hora. E o drama leopardiano dos imortais ressurge nas palavras de Vésper. Mas com uma entrega heroica digna do antigo poema *Miorița*. Se Vésper nasceu do repouso, é ao repouso que sua alma aspira. Mais que a morte pode o amor:

— De greul negrei vecinicii,
Părinte, mă dezleagă
Şi lăudat pe veci să fii
Pe-a lumii scară-ntreagă;

O, cere-mi, Doamne, orice preț,
Dar dă-mi o altă soarte,
Căci tu izvor eşti de vieți
Şi dătător de moarte;

Reia-mi al nemuririi nimb
Şi focul din privire,
Şi pentru toate dă-mi în schimb
O oră de iubire...

Din chaos, Doamne,-am apărut
Şi m-aş întoarce-n chaos...
Şi din repaos m-am născut,
Mi-e sete de repaos.

— Do peso atroz da eternidade,
Me livra, ó Pai amado,
E para sempre o nome teu
Por nós seja louvado;

Pede, Senhor, um alto preço,
Mas dá-me uma outra sorte,
Pois fonte és de toda a vida
E doador da morte;

Retira-me a imortal auréola,
Dos olhos o fulgor;
Por tudo isso, dá-me em troca
Uma hora de amor...

Do caos, Senhor, apareci,
Lá quero fazer pouso...
Se do repouso é que nasci,
Preciso de repouso.

A figura poderosa do Pai responde com espanto severo. Não pode configurar o inabordável. Assemelhar-se aos homens, e compartilhar com eles o perecível? Os mortais não passam de ondas que morrem e nascem no oceano. Como se dissesse, com Hölderlin, que os deuses vivem num céu elevado e puro, longe das correntes iguais do tempo, da fuga perene de todas as coisas.

O destino dos homens consiste na queda pelo desconhecido abaixo (*ins Ungewisse hinab*). Nascem para morrer e dar vida a outros que conhecerão o mesmo fim, prisioneiros da sorte, filhos do Fado:

— Hyperion, ce din genuni
Răsai c-o-ntreagă lume,
Nu cere semne şi minuni
Care n-au chip şi nume;

Tu vrei un om să te socoţi,
Cu ei să te asameni?
Dar piară oamenii cu toţi,
S-ar naşte iarăşi oameni.

Ei numai doar durează-n vânt
Deşerte idealuri —
Când valuri află un mormânt,
Răsar în urmă valuri;

Ei doar au stele cu noroc
Şi prigoniri de soarte,
Noi nu avem nici timp, nici loc,
Şi nu cunoaştem moarte.

Din sânul vecinicului ieri
Trăieşte azi ce moare,
Un soare de s-ar stinge-n cer
S-aprinde iarăşi soare;

Părând pe veci a răsări,
Din urmă moartea-l paşte,
Căci toţi se nasc spre a muri
Şi mor spre a se naşte.

— Hipérion, tu, que dos abismos
Foste ao mundo trazido,
Não peças graças nem sinais
Sem nome e sem sentido;

Queres, como homem imaginar-te,
Com eles semelhança?
Mas eles morrem todos, todos,
Pra renascer, é usança.

Duram apenas como o vento
Desertos ideais —
Se vagas morrem no oceano,
Nascem vagas iguais;

São presas fáceis do destino
E são reféns da sorte;
Somos sem tempo e sem lugar,
Não conhecemos morte.

Do seio do passado eterno
Vive o hoje e perece;
Se um sol se extingue em meio ao céu,
Outro sol aparece.

Eles estão sempre nascendo,
E a morte a os recolher,
Pois todos nascem para a morte
E morrem pra nascer.

Eis o drama de uma falta articulada nos campos do infinito, num acréscimo de altura e solidão que se desdobra em muitos planos, de ordem espaço–temporal, como também da perfeição do gênio e de seu heroico abandono.

O brilho de Vésper sobrepaira acima do mundo sublunar, mas não além da falta que o suporta. A condição dos *selige Genien* não dissolve as potências do desejo, para além da filosofia de Schopenhauer — que irmana, *a posteriori*, Leopardi e Eminescu.

As estrelas do firmamento ficaram frias como as lágrimas do Demônio de Dante. Não há como restaurar a harmonia das essências primordiais. O que nos resta — e nisso reside a grandeza da poesia de Eminescu — é o modo viril de cantar o exílio que rege o drama de deuses e mortais.

Tardes de Alba Iulia

Viitorul şi trecutul.
Sunt a filei două feţe.

Eminescu

Sou um vassalo da língua portuguesa. Pago tributo em peças de ouro ao erário da etimologia de meu latino suserano. O português e o romeno ocupam os extremos de um mesmo horizonte linguístico. Eis a razão pela qual Mircea Eliade traçou paralelos entre Camões e Eminescu. Somos herdeiros de uma vetusta expressão. Com saudades de Ovídio e Virgílio, aos quais nossos poetas buscaram responder com o som áspero de sua lira. E se a presença eslava empresta ricos matizes aos substratos da língua romena, permitindo-lhe saídas semânticas delicadas de que se beneficiam os poetas, assim também a língua portuguesa realiza um diálogo permanente com a herança árabe, de que destaco, entre outros, os artigos ligados aos substantivos que nos permitem dizer ruído ou arruído, corão ou alcorão. Nossas fronteiras se mantiveram sempre abertas à alteridade. Como as alturas de nossos templos, contemplados por Macedonski: amo a igreja antiga, com sua torre de catedral (*iubesc biserica cea veche, cu turnul ei de catedrală*), de cúpulas em forma de sorvete, vindas do oriente eslavo, além das mesquitas de esbeltos minaretes, originados da tradição otomana.

As igrejas coloniais do Brasil crescem com o fermento de uma ou duas torres. E digo com Bacóvia, eterno, secular (*şi secular, pe veşnicie*).

Tudo não passa de um estranho devaneio, que agora intensifico. Peço vênia a um atrevimento, que a generosidade dos leitores saberá perdoar. A língua portuguesa fica a oriente da Romênia e a leste da Moldávia!

Essa geografia espiritual me leva a pensar os lusíadas no seio do mar Negro, com o Gama procurando especiarias nas praias da Geórgia, ao passo que os argonautas dobram, com Jasão, o cabo da Boa Esperança, para arrancar de Calicute o tosão dourado.

Modifico o mapa de Camões, no canto quinto: "Ó Ninfa, a mais formosa do mar Negro." E faço o mesmo com Apolônio de Rodes, junto às Simplégades, no livro dois: *As índicas colinas dos paflagões.*

A partir dessas aventuras deslocadas, desafio nossas afinidades quase esquecidas, para arrancá-las do torpor. Somente assim podemos reconhecer no espaço de nossas línguas, do romeno e do português, o que brilha num poema de Stănescu: Tens uma espécie de paraíso no qual não se diz palavra (*tu ai un fel de paradis al tău în care nu se spun cuvinte*). Não sei, ao certo, como reduzir a soma de nossas distâncias, que não passam necessariamente pela geografia, mas pelo desenho de raízes de uma árvore antiga e sempre viva. A copa cheia de aves canoras, de George Enescu a Heitor Villa-Lobos, atinge uma intensa beleza, que os poetas sabem e adivinham, em pleno Atlântico ou no seio do mar Negro, nossa Roma, teimosa, obstinada.

A leste do Tibre

Tenho diante de meus olhos a primeira estrofe de um poema de Mihai Eminescu sobre os autores inspirados de sua língua, que a escreveram como um favo de mel (*ca un fagure de miere*). Abelhas-operárias que enriqueceram a herança latina oriental. E, no entanto, minha pré-história de amizade com o romeno parecia desmentir os versos de Eminescu. Tudo começou à minha revelia, com o primeiro álbum de selos, na infância. Alguns formavam um sobrenome comum, "posta romana", sem acento ou cedilha, e o menino dava como certo que fossem italianos, da capital. Não suspeitava ainda que nessa errônea classificação havia um acerto: os laços de uma sentida latinidade na língua da qual me aproximava. Chegaram depois dois grossos volumes, socialistas, da Academia de Letras Romena, que me clarearam uma ou duas coisas, como a precisa origem dos selos. Tratava-se, porém, de uma paisagem sem música nem partitura, só com a lei pétrea, surda, mosaica da sintaxe. Eu me sentia no vácuo, ou melhor, na iminência de afogar-me diante da torrente de diacríticos, com que me defendia aos treze anos. Decidi esquecê-la, preferindo as línguas que captava em ondas curtas. Meu belo aparelho RCA não ouvia, entre tempestades e raios da estática, o menor sinal dos países romenos. Eis que os ventos se abrandaram com o impacto do primeiro poema que li de Eminescu, "La Steaua", em edição bilíngue muito embora, que não me abandonou desde então, no azul-celeste da Baía de Guanabara, ou no azul que desaba sobre a neve no mosteiro de Orşova, com os Cárpatos ao fundo.

A travessia do século XX, na acepção de Lucian Blaga e Guimarães Rosa, obriga a tornar-se romeno, a pertencer a um ramo dessa variegada família. Teria sido possível habitar a fratura da cena contemporânea sem as páginas desencantadas de Cioran? Como fechar um diagnóstico da modernidade, líquida ou gasosa, se não se encontrasse o livro de Noica, *As seis doenças do espírito contemporâneo*? Como traduzir a difusa visão do mito, se Eliade não houvesse vasculhado os pergaminhos de Babel e visitado as regiões perdidas do mundo, para dar à luz uma nova formulação do *tremendum et fascinans*? E, se as vanguardas romenas do século passado não tivessem florescido, havia de se perder uma das vertentes de nossa visão de mundo, instrumentos de pensar e sentir a ausência que nos consome e atravessa? Eu já fazia parte dessa família, embora a língua me escapasse, tão próxima e distante, como o espaço que separa as constelações de Orion e Escorpião.

Na primeira viagem à Romênia, mais precisamente a Craiova, nos idos de 2003, a língua romena operou um salto quântico na minha noosfera. Nenhuma gramática seria capaz de agregar afetos, semblantes, memórias cheias de frescor. A língua que antes parecia áspera como um deserto, com sua vasta fileira de cactos e de espinhos diacríticos, aquela mesma língua cactácea mostrou-se com toda a sua beleza. Favo de mel, estrelas de Alecsandi, harpas de Eminescu: sereia que me enlaça no corpo da palavra. Se não me prendi ao mastro como Ulisses, tampouco fechei os olhos. E aqui me encontro, senhores, sem defesa. Porque o romeno é uma língua ardente, como os versos de Ovídio, meio-tom acima do latim: na leveza das metafonias, cujos acentos cobrem, como gorros, as vogais terminadas em "a" para protegê-las do sereno da linguagem; com as raízes de iotacismos e rotacismos que se espalham na terra latina em forma de rizomas e tubérculos; na fértil quantidade de ditongos e tritongos, flores do campo coloridas que dão ao romeno um brilho inconfundível.

Um mar de palavras que se iluminam com a luz do sol. E apesar dos selos *poşta română* e da *Arte de amar*, de Ovídio, aprendi nos livros de Coseriu que o romeno é parte do tecido balcânico, antes de Roma, em continuidade com a Trácia, a Ilíria e a Albânia, irmãs de meio-sangue, filhas de pais distintos, amamentadas por seios iguais. Com a herança paleoeslava, aumentaram para mim as jazidas fonéticas da língua futura, a que se soma o eslavônio, com seu conjunto de palavras, de impacto e beleza, aureoladas de incenso, o que embaça o vidro das vogais. É como se ouvíssemos dentro delas um baixo profundo que as pronuncia: palavras de fôlego breve, mas com grandes surpresas, como um largo *blagoslovenia*, recitado junto às portas da iconóstase.

A língua que me pareceu vaidosa, com trânsito genuíno entre o sagrado e o profano, a trocar de roupa com frequência: ei-la com o hábito severo dos caracteres latinos, o desenho elegante do alfabeto grego, o ouro portentoso e os ícones com que se revestem as letras cirílicas. Eis uma língua que possui vasto guarda-roupa invisível. Seu corpo, sempre jovem, deixa-se adivinhar pelo frescor da pele veludosa, olhos sensíveis, aprumo e elegância que encantaram alfaiates-mestres de renome, entre os quais Philippide, Pușcariu, Rosetti.

Quanto mais estudava a língua, mais minha convicção era a de que se tratava de um sistema jazzístico, na tensão do sax-tenor com o contrabaixo, o piano e o clarinete, no improviso de um acorde previamente acertado, que se reconfigura ao longo de compassos invisíveis. Um jazz entre sinônimos, latinos e eslavos. Assim, o trompete quer *frontiera* e as cordas, *granița*; os metais dizem *ora* e a bateria, *ceas*; uns preferem *rob*, outros, *sclav*; a guitarra diz *vers*, e o baixo responde *stih*. Poucas línguas conhecem tantas vogais de timbre e coloração rimbaldianos. Poucas línguas abrigam tamanha diversidade, a ponto de assinar um contrato ecumênico de base: palavras de origem turca, escuras, livres, zombeteiras, descalças, que dialogam com as de origem latina ou eslava, em concerto a três vozes, que reúne os sinos do Ocidente, o *abatetoaca* do Leste e o muezim no minarete levantino: língua cuja trama responde com delicadeza ao tear urgente e necessário da paz. Um fluxo de palavras, como o delta do Danúbio, no fim do qual todas as palavras desaguam irmanadas.

Victor Eftimiu louva esse ecumênico ragtime em "Odă Limbii Române", os trajes coloridos, o que restou dos dácios, o encanto eslavônio, as torres de Paris e de Istambul.

Essa ideia me convence até hoje acerca do fascinante hibridismo romeno, entre o mosteiro de Sinaia e a igreja de Stavropoleos, os inúmeros galicismos e um conjunto reduzido de palavras turcas.

Imagino um poema entre Ghérasim Luca e Tristan Tzara, que lance mão de palavras de origem turca, osmanlis e cumanas, para fazer uma

82

espécie de magia, abracadabra de oito sílabas, aventura puramente fonética. E invento, como se fossem grafites numa viela esquecida de Timişoara, um solo de jazz:

> *Babalâc balama baltag:*
> *Bumbac bursuc butuc.*

> *Papara pastrama pastuc*
> *chibrit chiabur chilipir!*

> *Taraba taron şi taraf:*
> *Huzur lighean musafir.*

> *Oh! Pilaf sandrama sidef:*
> *trufanda, zambila, zuluf.*

Com esse estranho sopro, talvez possa dizer como Leporello "madamina il catalogo è questo", "eis o catálogo, senhorita", de meus amores parciais, na coleção de selos *poşta română*. Eis o meu frágil repertório, o favo de mel eminesciano, a partitura incerta de meu bebop. Catálogo que pressupõe não apenas ampla oferta lexical, mas sobretudo um pacto contínuo de liberdade para unir, combinar elementos dispersos, heterogêneos. Liberdade para criar encontros inesperados.

E, no entanto, devo dizer que meu encontro mais surpreendente com a língua romena ocorreu em 2014, no Rio de Janeiro, numa prisão de Bangu. Vou aos presídios para aumentar as bibliotecas e abordar a leitura como fonte de liberdade e promoção da cidadania. Quando é difícil romper a barreira do primeiro encontro, convido a todos para formarem um coro e, feitas algumas tentativas, cantamos juntos, em que importa menos o resultado e mais o processo. Depois vamos ao texto e ao debate. Um estrangeiro, cuja origem desconheço, faz uma observação oportuna. Pergunto de onde vem e ele me responde como se chegasse da Lua ou de um país inabordável. Insisto: "Sim, mas de onde?" E ele responde, com um gesto inútil: "De Braşov, da Romênia." Digo em sua língua, sem esconder a surpresa: "Mas, claro, trata-se de uma cidade muito bonita!" Volto ao português, enquanto ele se levanta, com um brilho nos olhos, caminha na minha direção, me abraça e beija meu rosto. Talvez porque se reconciliou nos ecos de sua língua-mãe, nesse deserto do cárcere, onde somos todos órfãos da língua materna, escondida, guardada, como um segredo, ouro alquímico, língua muda e sagrada, capaz de salvar, inclusive no cárcere. Digamos que se chamasse Ion e me dissesse um verso de Vasile Voiculescu que fala de mel e de espinhos. A liberdade na língua e na prisão. Essa mesma liberdade que a Romênia conquistou nas ruas de Timoşara.

rastreamento

Além do espaço
Há mais espaço.

Antonio Porta

JGR: sertão ocultado demais

A dinâmica de *Grande sertão: Veredas* espraia-se numa perspectiva sabidamente expansiva, redundante e circular, de que se nutrem chapadas e veredas maleáveis, pássaros elásticos e buritis que florescem ao longo de uma paisagem remissiva. Trata-se de uma prosa que se deseja interminável, produtora de poético fascínio e tensão, cuja leitura se desdobra em múltiplas camadas e apelos, atraída pelo polo magnético da espessa matéria semântica, jamais ociosa, nem vazia, mas em labor permanente, quase febril, de seguir adiante, ao expor núcleos de Leitmotiv:

> E como cada vereda, quando beirávamos, por seu resfriado, acenava para a gente um fino sossego sem notícia — todo buritizal e florestal: ramagem e amar em água. E que, com nosso cansaço, em seguir, sem eu nem saber, o roteiro de Deus nas serras dos Gerais (p. 432).

Tal roteiro, que se conhece à medida que se avança (com palíndromo e rima interna, pois GSV é um vastíssimo palíndromo, que rima apenas com sua demanda estrutural), se desvela por trilhas incertas e atalhos da linguagem (*Holzwege*). Sobretudo na forma tátil e sonora dos signos, na pluralidade de afixos. Fatos que alteram o corpo sinuoso da palavra, em companhia de síncopes, apócopes e aféreses — como na imagem última do rio São Francisco — em crescimento viril, fruto de aumentativos ferozes, que formam a obra. E que se embatem com diminutivos pronunciados à velocidade de fusas ou semicolcheias, em terra de línguas híbridas e comunicantes. E sempre, em toda a parte, despontam longas espirais, que crescem para dentro de si mesmas, ou se distendem em constelações de nomes, estilhaçados — nuvens de poeira ou fractais, como as notas do "Le Traquet Stapazin", de Olivier Messiaen, em que se reconhecerá, de longe, talvez algum pássaro do sertão:

Cantam aqui pássaros e fragmentos, com staccati e pausas, em saltos de oitava, quando descem os ventos que varrem os resíduos semânticos de GSV. Esses restos, fosfóreos, espelhados, geram câmaras de vozes, em altíssimos níveis estratigráficos, como nas obras de Dante e Joyce, sobre um significado geral, que não se completa, antes se adia numa perene demanda projetiva: "Algum significado isso tem? (...) Nada pega significado, em certas horas" (p. 282). Ou ainda — e com maior entendimento:

> Sempre sei, realmente. Só o que eu quis, todo o tempo, o que eu pelejei para achar, era uma só coisa — a inteira — cujo significado e vislumbrado dela eu vejo que sempre tive.
> Assim, de jeito tão desigual do comum, minha vida granjeava outros fortes significados (p. 698).

Essa procura incessante de sentido, realizada por Riobaldo "ao entestar viagem", no centro de seu impossível νόστος, regresso, guarda semelhanças com o *Ulysses*, de Joyce, na hachura entre signo e transparência, que se revela mais tarde no monólogo de Molly: "*O, those transparent! Besides they don't know. What is the meaning of that other world.*"

O cosmos de Rosa é regido por uma sintaxe de expansão, liberta de vetor unívoco, seja latente ou manifesto, porque elege um feixe de forças (em sobreposição, quase escheriana) com incontáveis entradas e saídas, num *iter* que parece "in-terminar", desde o símbolo matemático da lemniscata. E não termina, por força e graça de seu universo inflacionário, que transborda — em termos físicos, bem entendido, não econômicos.

Eis o motivo pelo qual a obra de Guimarães Rosa poderia formar um capítulo, brilhante e solitário, na história da espessura no Ocidente. Um núcleo denso, em movimento difuso, capaz de mundo, capaz de deus, capaz de cujo, capaz de homens, com suas línguas: futuras, antigas e incompletas — livro-mundo, como observa Finazzi-Agrò.

Assim, ao equilibrar-se entre uma economia pós-babélica de meios, para nomear as coisas ("muita coisa importante falta nome"), e uma perene, generosa disposição anímica, diante de um mundo inflacionário, a geografia de *Grande sertão* elege um ponto inflexível, para não se tornar amorfo, em tanto crescimento longitudinal. Procura um grau zero de circularidade. E não me refiro a Deus, nem a seu rival, muito menos a Joca Ramiro ou a Hermógenes, mas a um corpo spinoziano difuso, poliédrico, esponjoso, sem latitude e longitude, a reunir o multiverso: um grande Aleph, que não exaure o espaço denso das coisas que se atingem em *Grande sertão*. Refiro-me à neblina de Riobaldo, Diadorim, com quem se confunde a Beatriz do "divino sertão" de Dante, na abrangência dos três primeiros nomes de Diadorim: Maria Deodorina da Fé. Beatriz é a neblina de Dante, marca do inefável, cláusula e fronteira. Pois não se atinge o rosto de Beatriz, inundado de luz, mesmo no termo da viagem, em contraste com a vida corporal de Diadorim, tão ou mais imprecisa que o semblante de Beatriz, mesmo após a morte:

> Diadorim — nu de tudo [...] Que Diadorim era o corpo de uma mulher, moça perfeita... Estarreci. A dor não pode mais do que a surpresa. A coice d'arma, de coronha... (p. 861).

A heroína de Rosa vem da terra ambígua em que se move seu corpo físico e metafísico, em *coincidentia oppositorum*, figura absoluta e fragmento espelhado do livro-mundo. A "divina comédia" humana e circular de GSV traça um desafio de sabor neoplatônico, no regresso fantasmal, adiado para sempre na origem, na fatídica volta, ἐπιστροφή, tornada heterodoxa (motor utópico de adição de *epos*). Outro ponto reside no contraste ou adesão, sobre a ideia de que os nomes decorrem das coisas (*"sunt consequentia rerum"*): ponto que altera, inverte ou amortece o contrato rosiano entre o nome e a coisa (a inscrição do corpo de Diadorim), ou para reger um conjunto de metamorfose de nomeação flutuante, de nomes "escolhidos tendo em vista sua polissemia, não sua univocidade", como lembra Ana Maria Machado.

A nomeação em Guimarães Rosa firma-se, como o corpo de Diadorim e o rosto de Beatriz, na ambiguidade, ou, mais precisamente, na equivocidade fundadora de *Grande sertão*, em toda a parte e em lugar algum.

A travessia de Riobaldo desdobra-se num território metonímico de grande torrente verbal, no qual se espraiam conjuntos de fragmentos, com os quais se confunde o corpo de Molly Bloom, em *Ulysses*, e os fortes neologismos do Paraíso, que em *Grande sertão* adquirem forma exponencial.

E com o olhar de Riobaldo, ao mesmo tempo claro e turvo de fosfeno, em atitude bifronte, que o leva a interpretar de modo intempestivo quanto viveu, preso no fetiche do *hic et nunc*, na miragem de entrar e sair, como no Castelo de Atlas, de Ariosto: "Eu atravesso as coisas — e no meio da travessia não vejo! —, só estava era entretido na ideia dos lugares de saída e de chegada" (p. 41). Ou, ainda, num passo decisivo, com Heráclito: "O real não está na saída nem na chegada: ele se dispõe para a gente é no meio da travessia" (p. 85).

Penso no quadro da segunda navegação, na leitura de outra e nova travessia, quando Giovanni Reale realiza uma vibrante desleitura dos *agrafa dogmata* de Platão. Toda uma base hermenêutica que desemboca em Dante, Rosa e Joyce, como textos urdidos mediante vários planos e níveis de abordagem, posteriores à cicatriz do Ulisses, de Homero, ou seja, como obras marcadas por saltos, abismos e descontinuidade, como lembra Auerbach — textos que requerem intensa hermenêutica.

Há em Guimarães Rosa a recorrência numeral de uma terceira estória, margem e navegação, pois em suas páginas não se flexiona a máquina intangível do real, sempre mista, prenhe de leituras remissivas, potenciais e espelhadas, que não conhecem fim. A leitura de terceiro grau, para se atingir parte dos veios semânticos inesgotáveis de GSV, não impede, contudo, a cortesia da clareza ao leitor de primeira viagem, pois há um centro de gravidade ficcional, situado na urgência narrativa de Riobaldo, ao sondar o périplo de si para si, para clareá-lo quanto possível.

Assim, pois, o uso de palavras-cabides, hápax e vocábulos anfíbios, originários dos escombros de Babel, não impedem, não turvam, nem *estacam* a leitura (como dizia Euclides sobre a palavra exata de *Os sertões*). A obra de Rosa procura uma leveza melódica, uma ponderação expressiva naquelas páginas, e me refiro ao sentido etimológico de peso, ao equilíbrio da razão poética afinada com o andante narrativo, segundo uma ciência rítmica, a conduzir o leitor para a frente, no contrato da palavra com o mundo, sem perder a métrica do sentido global e local — veredas e resfriados. O calibre da palavra na frase e a tarefa semântica que porventura desempenhe *ad hoc*, fornecem horizontes de significados de primeiro plano, que se consolidam à medida que o leitor penetra as células rítmicas do sertão, com sua lógica do excesso, etapas cumulativas, mediante parcelas musicais, que propõem, ao fim e ao cabo, uma impressão de paz semântica, ou de aparente realismo, em terreno de aparência retilínea, apoiado, muito embora, sobre elipses abruptas, curvas de silêncio e viragens inesperadas:

> O senhor tolere, isto é o sertão. Uns querem que não seja: que situado sertão é por os campos-gerais a fora a dentro, eles dizem, fim de rumo, terras altas, demais do Urucuia. Toleima. Para os de Corinto e do Curvelo, então, o aqui não é dito sertão? Ah, que tem maior! Lugar sertão se divulga: é onde os pastos carecem de fechos; onde um pode torar dez, quinze léguas, sem topar com casa de morador; e onde criminoso vive seu cristo-jesus, arredado do arrocho de autoridade.

O dissonante em GSV se comporta nos limites da consonância, controlado por um princípio mozartiano, ao deslocar volumes semânticos, em derivas sintáticas, formando um relevo sutil, uma linha de canto, por onde se articulam os poros da interlíngua, pela sábia fricção das palavras, uma vez diluída a metafísica da substância (que lhes dava uma pele impenetrável). Algo parecido com a pesquisa das *Esferas*, de Peter Sloterdijk, e aos quase *nobjetcts* de Thomas Macho, perdendo cada palavra o seu caráter isolado, tornando-se mais leve, máscaras sonoras, como as notas derradeiras dos pássaros de Messiaen:

Terminado o silêncio do compasso ("um silêncio pesaroso"), da voz que se distancia, percebe-se a labilidade que impregna os quatro pontos cardeais de GSV e suscita uma dialética cerrada de lugar e não lugar. Movimento complexo que se divulga e articula (se *indova*, em Dante), num círculo *sui generis*, "cujo centro está em toda a parte e a circunferência em parte alguma". Porque o Sertão e o Paraíso coincidem como projeção do não lugar, nos olhos de Beatriz, no corpo ambíguo de Diadorim, em contraponto aos eflúvios de Molly Bloom (*"yes I said yes I will Yes"*). *Grande sertão: veredas* atinge em magnífica profusão a dialética do espaço: avança e retrocede, nega e atualiza, como imagem fora do espelho e sem moldura, ubiquidade sem lugar. Eis aqui o ponto crucial, o deslugar, por excelência dessa renovada comédia sertaneja:

> Vou lhe falar. Lhe falo do sertão. Do que não sei. Um grande sertão! Não sei. Ninguém ainda não sabe. Só umas raríssimas pessoas — e só essas poucas veredas, veredazinhas (p. 134).

Comédia que se escreve nos rios, com os olhos entre Babel e Sião, de quanto não se sabe, ou que se espera, entre o Paraíso de Dante e o *Ulysses* de Joyce, com os pássaros do sertão e os de Messiaen, numa das poéticas mais fascinantes de todos os tempos.

Dante: elogio da transparência

Do ponto de vista da energia poética, podemos dizer essencialmente que em nossa língua chegamos a Dante sempre e somente na companhia do próprio Dante. Quem deve pagar a conta dessa redundância é o generoso decassílabo da *Divina comédia*, que ordena, aperta e fixa o decassílabo de Camões.

Mas é um fixar que move, é um apertar que desamarra. Um ponto de partida. E de pertencimento. Herança reconhecida pelo cartório da alta poesia. Com todos os selos e carimbos. Camões começa a gastar tudo que lhe cabe como herdeiro natural de Dante e Petrarca.

Mas, quando começa a investir o que herdou, já é outra forma.

Primeiro pelo teor de salinidade. A poesia camoniana respira o sal do Atlântico, a "salsa via de Netuno" e o céu cristalino. Como o céu afrontosamente claro do Rio ou de Lisboa, entre maio e julho. Transparência em estado de espera, por parte do piloto e do poeta. Transparência dos versos, mesmo quando chove, mesmo quando sopram ventos combativos, junto à costa da África, na ébria tempestade dos versos de Virgílio.

Vento que torna mais veloz aquele decassílabo de cristal. Vasco da Gama traz os cabelos despenteados e o rosto queimado pelo sol, com uma poética secretamente agressiva, esperançosa e delicada. Estamos em pleno mar. Aberto. Na direção da desejada parte oriental, onde a saudade infla as velas na direção do futuro. Com o mesmo ímpeto e o mesmo ardor que levam o decassílabo a uma velocidade nunca vista.

Sobre a parte oriental, e sobre as Índias, é preciso lembrar que os versos de Camões trazem o perfume das especiarias. E quantas de nossas palavras hoje ainda guardam esse aroma sutil? Eis o tesouro sem fim de todas as partes do mundo — no cofre aberto de *Os lusíadas* — riqueza semântica exclusiva do rei de Portugal.

Decassílabo que paga todas as dívidas a seus credores. E, depois disso, empresta a quantos batem às suas portas, sem dar sinais de esgotamento, as jazidas de dez versos.

Temos em *Os lusíadas* uma sobriedade de rimas motivadas pelo ritmo de um canto novo, de poucas, inesperadas assonâncias, como as que regem o batismo de novas geografias descobertas por Vasco e transmutadas no verbo de Camões.

Nós, brasileiros, lemos de modo pessoal aquele decassílabo, sem a mesma fome das vogais de nossos irmãos lusitanos, apetite aguçado pelos vinhos de suas terras, dispostos na adega úmida e fresca de nossa língua comum.

Essa foi a inútil — e despropositada — querela entre portugueses e brasileiros sobre o copirraite da leitura mais próxima. O que é próximo? O que é distante? Nesse sentido, diziam os velhos críticos, ter sido Luís de Camões o maior poeta brasileiro!

Essa longa digressão diz de outra herança: a do mineiro Cristiano Martins, quando traduziu a obra de Dante, marcada, do início ao fim, pela medida camoniana. É a mais sensível e refinada recriação da *Comédia* no Brasil. Não estou sozinho. Ouvi de Carlos Drummond de Andrade a mesma opinião, este, que foi amigo de *Os lusíadas* e do Paraíso dantesco, sobretudo no poema "A Máquina do Mundo".

Sinto em Martins a cadência harmoniosa, a expressão líquida que passou longe de Xavier Pinheiro, Italo Mauro e João Ziller, desprovidos de maior valência poética. Faltou-lhes a imaginação necessária que se espera do tradutor de poesia. O decassílabo desses tradutores é duro e a distribuição das metáforas já não se apoia na superfície cristalina do verso de Dante. Traduções cheias de solda e resquícios, que revelam como são forçadas as ligações entre as partes. As rimas sofrem da falta de ar, sufocadas nas roupas apertadas, nos particípios e nos advérbios desabotoados. Traduções respeitáveis que lembram os galhos retorcidos, como a selva dos suicidas em Dante, num sentimento de insuficiência.

A mais acabada tradução da *Divina comédia* é ainda a de Cristiano Martins, único poeta dos que traduziram toda a viagem dantesca. Vizinho espiritual de Rilke, aberto aos clássicos e habitado por Camões.

O equilíbrio do ritmo denuncia o modo pelo qual se ordenam os tercetos, em torno dos decassílabos de largas varandas.

Martins, cujo centenário de nascimento se comemora em 2012, é inegavelmente um poeta que desde jovem sintoniza a rádio Dante, em ondas tropicais, ouvinte da transparência, do vento e das especiarias transmitidas pela rádio Camões. Além daquela rádio há um outro DJ: a música de Rilke, a sonoridade que aparentemente torna mais leve e cristalino o velho decassílabo. Um sentido de coisas vagas, que Camões e Rilke, de modo diverso, ganharam de Petrarca.

Mas o que conta é o trabalho com a rima dantesca, sem excesso de umidade, como não podia deixar de ser, igual aos raios da lua em Dante, delicados, enxutos, marcando a distância entre as estrelas e o semblante misterioso de Beatriz. Tudo muito vago, propositadamente vago e difuso.

A bela tradução de Martins sofre apenas quando se faz necessário diminuir a elegância e a transparência, exigindo-se ousadia e obstinação nas rimas ásperas, nas expressões vulgares, nas entranhas do oitavo círculo. Ou ainda na parte técnica do Paraíso e do Purgatório, com a filosofia e a teologia medieval exigindo concisão aristotélica ou platonizante.

Aqui a rádio Mozart e a rádio Rilke não conseguem ajudar o *sampler* de Cristiano Martins. O programa vai ao ar, mas sem a espessura do inferno dantesco, sem as formas escuras da precisão filosófica, muitas vezes surdas, como um Mozart, aquém dos limites da dissonância.

Um dos muitos casos é o desaparecimento de registros vulgares, sempre mitigados, quando não subtraídos. O verso *"ed elli avea del cul fatto trombetta"* transforma-se em "como a uma tuba, à roda, sopros dando".

São esses os limites de toda grande tradução, como é o caso de Cristiano Martins. Como se houvesse uma terra de ninguém entre o original e a tradução, algo da crisálida, no *Fausto* de Goethe, a eterna juventude, o permanente ainda-não, quando se aproximam duas línguas, junto do abismo voraz.

Como se o leitor olhasse no vidro do decassílabo e intuísse a difusão contínua e fascinante de um *quantum* de luz, esperando uma solução do enigma: do sorriso de Beatriz, que a *Comédia* buscou parcialmente traduzir.

Projeções de Omār Khayyām

Sofremos — todos os meninos — desde cedo uma atração pelos espaços distantes e subidos. Na copa das árvores, nas prateleiras da estante ou nos degraus de uma longa escadaria.

Minha viagem ao Irã começou primeiro nos livros, mediante a poesia e a língua, levado evidentemente pela atração das coisas altas e longínquas.

Veio depois o solo áspero das comarcas do sertão, sob um céu terrivelmente azul, isento de nuvem e chuva.

Lembro a velha Canudos, afogada no açude, e a mística Juazeiro do Norte, vista do morro do Horto.

Quando cheguei à cidade de Mashhad, no Irã, vi-me assaltado pela emoção de seus peregrinos, como se ouvisse um diálogo secreto dos xiitas com os romeiros do padre Cícero.

Seria essa uma forma de criar paralelos entre culturas tão diversas, mediante o passaporte da poesia, quando as distâncias se dissolvem, sob as leis das afinidades?

É o caso do livro póstumo de J.B. de Mello e Souza, irmão de Malba Tahan, que realizou uma discreta aproximação com a obra de Omār Khayyām, a mais difundida no Brasil desde a tradução em prosa de Octávio Tarquinio de Sousa, com uma carta, em forma de prefácio, de Alceu Amoroso Lima.

Seria longo esboçar o capítulo da fortuna de Khayyām em língua portuguesa, dentro da qual se integra Mello e Souza, por meio de uma tradução baseada nas edições inglesas e francesas, não posteriores à década de 1950, com o que de melhor haviam alcançado então os especialistas. O corpus khayãmmiano era — e continua sendo — um quase insolúvel quebra-cabeça, do volume de poemas à autoria, cujo território poético se apresenta minguante ou crescente, de acordo com o prisma de leitura ou com a flutuação de novos (e nem sempre corretos) acréscimos de poemas, fora do cânon provisório e movediço.

Um labirinto, portanto, longo e complexo.

Fixemos — com maior proveito — o delicado fio de Ariadne de Mello e Souza, que consiste em preservar o esquema geral das rimas, predominantemente no coração do alexandrino (cesura clássica na sexta), além do repertório de versos bárbaros, ou dos que partem de seis até dez sílabas, dispostos quase sempre no cristal dos quartetos.

Mello e Souza escolhe um instrumento bem temperado, atento ao lá fundamental, sem maiores dissonâncias, a que junta o colorido semântico e a variedade rítmica.

Traduzir a poesia persa é enfrentar riscos. Na alta profusão das imagens, na semântica polifonia, como se regidas fossem as palavras pela duplicação de espelhos, pelas famosas caixas da China. Foi o que levou o professor Gianroberto Scarcia a referir-se a uma Pérsia barroca. Também Louis Massignon, quando atribui qualidades femininas, sinestésicas e cumulativas à antiga poesia persa. Tal poesia, para ele, seria o contrário da poesia árabe, regida pelo princípio masculino, com imagens pétreas que não se desdobram num jogo de espelhos, e presa a um feixe relativamente limitado de linhas icásticas.

Desse ponto de vista, Omãr Khayyãm era tido como poeta de poucos recursos, entre os contemporâneos, com imagens quase desnudas, repartidas em índices modestos. Fato que alivia, aliás, uma parte dos desafios da tradução.

E, para ficar apenas com uma segunda ordem de dificuldades, ou seja, a decisão de traduzir, ou não, as rimas, o desafio não se resume ao que poderia ser, digamos, o equivalente a transportar Skakespeare em versos brancos ou coloridos. E por quê? A rima dos quartetos persas segue — na maior parte dos casos — o esquema a-a-a-a, ou a-a-b-a, enriquecido, no entanto, pela diversidade de timbres das vogais longas e breves, compensando, como vemos no exemplo abaixo, sem tradução, para se ouvir a aparente monotonia das rimas de Khayyãn:

ān qasr ke bā tcharkh hamīzad pahlū
bar dargahe ū shahān nahādandī rū
dīdam ke bar kongereāsh fākhte' ī
benshaste hamīgoft ke kū kū kū kū

O poema se refere a um castelo antigo e cheio de esplendor, diante do qual os reis se curvavam, e onde uma rolinha triste pousa naquelas ruínas e canta: onde, onde, onde?

A duração das vogais distribuídas ao longo dos versos renova o impacto das rimas (ū-ū-ī-ū), dando-lhe um buquê de modulações, ampliando a parcimônia rímica, atingindo assim outras ressonâncias.

Tais seriam alguns entre outros desafios. Importa dizer, contudo, que a tradução de Mello e Souza houve-se bem, íntimo da língua de chegada e da poesia brasileira, sobretudo do legado simbolista e parnasiano, assim como de boa parte do modernismo.

Fausto no Brasil

A tradução é para sempre um gesto incompleto, um horizonte que se afasta, quanto mais próximo se mostra ao observador. Não possui um centro absoluto, capaz de legislar sobre o que se afasta e distancia, e não dispõe tampouco de um código que decida sobre os limites entre contrafação e original.

E, no entanto, o tradutor reflete constantemente sobre a ética do deslocamento, exorciza a ideia de correspondência das palavras entre as línguas, sofre a utopia da fidelidade possível, ausculta o batimento do significante e do significado, atende ao valor linguístico, cria a plasticidade do texto de chegada e sonha com o emaranhado, obscuro e fascinante, das etimologias.

O tradutor se parece com Mefistófeles, desconfiado, porque sabe, como diz Pietro Citati, que alguma coisa guarda uma profunda latência.

Menos metafísico, talvez, menos preocupado com o dissídio entre a teoria e a vida, em Goethe, o tradutor suspeita sobretudo de si mesmo e das soluções criadas, como o engenheiro que ergue uma ponte pênsil no abismo (intransponível) entre duas línguas e assume o risco de experimentá-la em precário equilíbrio, sem medo de cair, como se acreditasse — ficticiamente — numa vocação placentária, umbilical entre a língua um e a língua dois.

O tradutor vive sob vigilante hermenêutica da suspeita, que não dá trégua, operando com nuances e potencialidades, sem maiores ilusões, pois sabe que suas forças enfrentam uma névoa densa, com visibilidade intermitente, como um castelo de cartas, sensível aos ventos da linguagem. Lembro O *pluralismo coerente da química moderna*, de Gaston Bachelard, que parece tratar diretamente do carbono e do amoníaco na tradução:

> Em química, o objeto não é imediato e, como substância, não se deixa dominar pelo cientista por vias uniformes quanto se imagina. Cabe até indagar se a substância química aparece alguma vez bem nítida e circunscrita quanto a seus atributos de modos. Convém, portanto, examinar tudo o que concorre para cercar a substância química de uma margem de imprecisão e da impureza essencial. Percebe-se que tudo o que contribuiu para nos entregar as substâncias num estado misturado e confuso aumenta ao infinito a riqueza e a diversidade. Só será possível dominar o caráter individual dos corpos materiais apreendidos na experiência comum se for possível classificá-los em essência e separadas, bem seguras de guardar solidamente (a despeito das aproximações da experiência) as propriedades que os distinguem.

Nesses termos, pode-se dizer que o tradutor é antes um químico, atento ao "caráter individual" da matéria sonora, na "margem de imprecisão e impureza essencial", para que o resultado não apareça demasiado limpo, asséptico, abstrato. A sujeira e a imprecisão devem compor o quadro, em benefício do processo.

*

Ao analisar quimicamente as traduções brasileiras do *Fausto*, não devemos perder de vista a flutuação das palavras em Goethe, as combinações fascinantes de um poema essencialmente equívoco e multideterminado, longe da entropia de gramáticas fechadas e sentenças irrecorríveis.

Comecemos com Sílvio Meira, para quem a tradução do *Fausto* equivale a subir os contrafortes da montanha (da linguagem?), marcada de *perigos* e *paisagens inesquecíveis*, que *obrigam* o leitor *a parar, e inundam os olhos e a alma*. Sílvio conhecia encantos e perigos dessa Musa arredia, que frequentava em alemão, provido de um conjunto de versos camonianos, que lhe serviram de GPS, para não se perder em furnas perigosas. A metáfora da ascensão indica um *Fausto* progressivo, sinal de saúde hermenêutica mínima, para dar início aos trabalhos.

A tradução de Sílvio revela um estado mercurial, cujo resultado, do primeiro ao último verso, é bastante irregular, com plasticidade pouco maleável no conjunto, deixando de presidir a um judicioso comércio de volume semântico entre o alemão e o português.

Produziu, salvo exceções, um legado sem maior brilho, a que correspondem células rítmicas frouxas, com esquema rímico de baixo impacto, apesar das rimas exuberantes do original.

Ao *Fausto* de Sílvio Meira não faltam rasgos de sucesso, partes que podem ilustrar sem favor uma antologia qualitativa de Goethe no Brasil, sobretudo nos trechos líricos breves, como a famosa balada:

> *Es war ein König in Thule,*
> *Gar treu bis an das Grab,*
> *Dem sterbend seine Buhle*
> *einen goldnen Becher gab.*
>
> *Es ging ihm nichts darüber,*
> *Er leert' ihn jeden Schmaus;*
> *Die Augen gingen ihm über,*
> *So oft er trank daraus.*
>
> *Und als er kam zu sterben,*
> *Zählt' er seine Städt' im Reich,*
> *Gönnt' alles seinen Erben,*
> *Den Becher nicht zugleich.*
>
> *Er saß beim Königsmahle,*
> *Die Ritter um ihn her,*
> *Auf hohem Vätersaale,*
> *Dort auf dem Schloß am Meer.*
>
> *Dort stand der alte Zecher,*
> *Trank letzte Lebensglut,*
> *Und warf den heiligen Becher*
> *Hinunter in die Flut.*

Er sah ihn stürzen, trinken
Und sinken tief ins Meer,
die Augen täten ihm sinken,
Trank nie einen Tropfen mehr.

Vivia, em Tule, a reinar,
Monarca, amante leal,
Deu-lhe a amada, ao expirar
Taça de ouro real.

Prenda de grande valia,
Sempre a usava em libações;
Os olhos, com emoções,
Só de lágrimas enchia.

Estando quase a finar,
Cidades, reinos, legou,
Herdeiros a contemplar,
Somente a taça guardou.

Sentado à mesa real,
A corte toda a mirar,
Na velha sala ancestral,
No castelo ao pé do mar.

A beber, com tantas mágoas,
Antes do último alento,
Lançou a taça nas águas
Agitadas pelo vento.

A taça caiu no mar
Que em turbilhão a acolheu,
Com os olhos viu-a afundar,
Nunca mais nela bebeu.

Sílvio Meira redesenhou a balada como se fosse uma pequena ária, em tonalidade maior, motivo pelo qual ganhou fluência e perdeu um feixe de assonâncias e rimas pré-rilkeanas, que esperam um curador de ausentes.

Feitas as ressalvas, o resultado é funcional, sem pausas intrusas nessa balada que acabamos de ver, bem ao contrário do trecho seguinte, que abre a dedicatória líquida do *Fausto*:

> *Ihr naht euch wieder, schwankende Gestalten,*
> *Die früh sich einst dem trüben Blick gezeigt.*
> *Versuch ich wohl, euch diesmal festzuhalten?*
> *Fühl ich mein Herz noch jenem Wahn geneigt?*
> *Ihr drängt euch zu! nun gut, so mögt ihr walten,*
> *Wie ihr aus Dunst und Nebel um mich steigt;*
> *Mein Busen fühlt sich jugendlich erschüttert*
> *Vom Zauberhauch, der euren Zug umwittert.*

> Apareceis de novo, ó sombras vaporosas,
> Que meus olhos enchestes, outrora radiosas?
> Conseguirei por fim reter-nos junto a mim?
> Meu coração se inclina às seduções assim?
> Que atração exerceis! Conseguis, de uma em uma e,
> Manter-me envolto em sonhos, mergulhado em bruma;
> Renova-me o meu ser miraculosamente
> Bafejado do sopro que exalais ardente.

Do percurso de Sílvio Meira sublinho a cortesia com o original e a leitura de *Os lusíadas*, além de sensibilidade filosófica. Faltou-lhe o ar puro da montanha, que ele atingiu poucas vezes no corpo do texto, realizando, contudo, uma tradução atenta e séria.

*

O *Fausto* de Jenny Klabin Segall (1901–1967) é dos que possuem elevada plasticidade. Dou a mesma passagem de Goethe, reproduzida acima no recorte da tradutora:

> Tornais, vós, trêmulas visões, que outrora
> Surgiram já à lânguida retina.
> Tenta reter-vos minha musa agora?
> Inda minha alma a essa ilusão se inclina?

À roda afluis! Reinai, então, nesta hora
Em que assomais do fumo e da neblina;
Torna a fremir meu peito com o bafejo
Que vos envolve, em mágica o cortejo.

O grau de fluência aumentou com Klabin Segall, ao mesmo tempo que abraça com maior intimidade o registro camoniano, como se houvesse agora uma vizinhança consistente, com capital semântico generoso, ao longo do *Fausto I*. Percebo uma harmonia expressiva, de Corneille ou Racine, traduzidos por Segall, com gestos de bravura semântica, quando não sintática. Ocorre-me o trecho em prosa do *Trübem Tag*:

Faust:

Im Elend! Verzweifelnd! Erbärmlich auf der Erde lange verirrt und nun gefangen! Als Missetäterin Im Kerker zu entsetzlichen Qualen eingesperrt, das holde unselige Geschöpf! Bis dahin! dahin! — Verräterischer, nichtswürdiger Geist, und das hast du mir verheimlicht! — Steh nur, steh! wälze die teuflischen Augen ingrimmend im Kopf herum! Steh und trutze mir durch deine unerträgliche Gegenwart! Gefangen! Im unwiederbringlichen Elend! Bösen Geistern übergeben und der richtenden gefühllosen Menschheit! Und mich wiegst du indes in abgeschmackten Zerstreuungen, verbirgst mir ihren wachsenden Jammer und lässest sie hilflos verderben!

Fausto:

Na desventura, em desespero! Miseravelmente errante sobre a terra e finalmente prisioneira! Encarcerada como criminosa, entregue a sofrimentos cruéis, a meiga, infausta criatura! Até este ponto! Até este ponto! — E mo ocultaste tu, traiçoeiro, infame Gênio! — Pois sim, queda-te ali! Revolve em fúria os olhos demoníacos dentro da fronte! Provoca-me com teu aspecto odioso! Encarcerada! Em infortúnio irremediável! Entregue a gênios maus e à humanidade justiceira e impiedosa! E a mim, no entanto, embalas com insulsas diversões, dela me ocultas o crescente desespero e a entregas, indefesa, à perdição!

Como se esse monólogo, traduzido por Segall, gerasse, de suas próprias entranhas, o aviso de passagem, cênica, da palavra ao silêncio, do palco ao público, ao tempo do aplauso teatral.

Cresce a distância do texto-base ao texto-fim, quando nos movemos de Sílvio Meira para Jenny Klabin Segall, como quem se afasta de um compromisso cartorial e assume a poesia do espaço entre as línguas, como demonstram tanto o exemplo acima, quanto a canção de Gretchen:

> *Meine Ruh ist hin,*
> *Mein Herz ist schwer;*
> *Ich finde sie nimmer*
> *Und nimmermehr.*

> *Wo ich nicht hab,*
> *Ist mir das Grab,*
> *Die ganze Welt*
> *Ist mir vergällt.*

> Fugiu-me a paz,
> Do coração;
> Já não a encontro,
> Procuro-a em vão.

> Ausente o amigo,
> Tudo é um jazigo,
> Soçobra o mundo
> Em tédio fundo.

Apesar da disritmia de algumas seções, causada por escolhas artificiosas, podemos reconhecer vários compassos do original. Mas o desafio repousa nas partes derradeiras da ascensão do peregrino, constituídas de outra sinergia, no registro de uma linguagem metafísica, nem sempre fácil de penetrar. Como outros apontaram, a obra de Segall perde, no derradeiro *chorus mysticus* (mas não só aí), a essencialidade, comprometida por um sistema de paráfrases (quase inflacionadas, como no *Fausto* de Castilho, traduzido em Portugal):

Chorus Mysticus

Alles Vergängliche
Ist nur ein Gleichnis;
Das Unzulängliche,
Hier wird's Ereignis;
Das Unbeschreibliche,
Hier ist's getan;
Das Ewigweibliche
Zieht uns hinan.

Chorus Mysticus

Tudo o que é efêmero é somente
Preexistência;
O Humano-Térreo-Insuficiente
Aqui é essência;
O Transcendente-Indefinível
É fato aqui;
O Feminil-Imperecível
Nos ala a si.

Uma leitura que não corresponde ao *quantum* de luz e ao som do original, em descompasso, como se a tradução fosse uma nota de pé de página, em oposição aos versos levíssimos, inefáveis, em alemão.

Nas zonas rarefeitas da montanha, a que se refere Sílvio Meira, os mistérios da ascensão permanecem fechados, em estado de crisálida *Puppenstand*, com alta potência, para sempre adiada, tal como ocorre no trabalho ímpar de Klabin Segall.

*

Haroldo de Campos (1929–2003), apesar do pequeno fragmento traduzido do *Fausto II*, é presença obrigatória. A começar pela tradução do *chorus mysticus*, que acabamos de ver, altamente concentrado, regido, agora, pela expressiva e redundante vogal "i", que Haroldo importou do

Paraíso de Dante (*che quinci e quindi igualmente si ispiri*), para enfrentar a matriz ascensional, para além da montanha, nos céus irredutíveis da *Comédia* e do *Fausto*:

> O perecível
> É apenas símile.
> O imperfectível
> Perfaz-se enfim.
> O não dizível
> Culmina aqui.
> O Eterno-Feminino
> Acena, céu-acima.

Um dos versos mais bem-acabados de Haroldo, analisado ponto a ponto, em "transluciferação mefistofáustica", em sua ideia de tradução, "com um dente de ironia", parecido com a transfusão de sangue entre dois corpos, efetuada pelo tradutor, amigo do conde Vlad.

Das regiões altas do *Fausto II*, depois do pacto de sangue firmado pelo tradutor, penetramos numa zona escura, cercada de enxofre, para evidenciar o virtuosismo de Haroldo na pele da palavra, como um Paganini, em que cada nota, mesmo sob a chuva do *presto con fuoco*, não perde seu contorno sonoro:

> *Greif schnarrend:*

> *Nicht Greisen! Greifen! — Niemand hört es gern,*
> *Dass man ihn Greis nennt. Jedem Worte klingt*
> *Der Ursprung nach, wo es sich her bedingt:*
> *Grau, grämlich, griesgram, greulich, Gräber, grimmig,*
> *Etymologisch gleicherweise stimmig,*
> *Verstimmen uns.*

> *Mephistopheles:*

> *Und doch, nicht abzuschweifen,*
> *Gefällt das Grei im Ehrentittel Greifen.*

Um Grifo, resmungando:

Gri não de gris, grisalho, mas de Grifo!
Do gris de giz, do grisalho de velho
Ninguém se agrada. O som é um espelho
Da origem da palavra, nela inscrito,
Grave, gralha, grasso, grosso, grés, gris
Concertam-se num étimo ou raiz
Rascante que nos desconcerta.

Mefistófeles:

O grifo
Tem grito e garro no seu nome-título.

A leitura em voz alta mostra a que ponto a transfusão de língua e sangue espalham a centelha de partículas fonossemânticas, no interstício entre dois mundos, linguístico e metafísico, livre de solução de continuidade, como numa espécie de túnica inconsútil.

Há outros momentos menos acabados na obra de Haroldo, obcecado com o significante, que o leva a uma inflação de pizzicatos e apojaturas, ausentes no original, nas palavras compostas, perfeitamente evitáveis, no plano mais ortodoxo, por exemplo, mas menos fulgurante, adotado por Jenny Klabin Segall.

O *Fausto* de Haroldo, no entanto, nas antípodas dos tradutores citados, não perde o timbre elevado, repetindo a dialética do senhor e do escravo, em Hegel, no texto de partida e de chegada. Recriação ou retransmissão em diálogo, quando os decibéis do tradutor encobrem, não raro, a voz do traduzido. Isso porque Haroldo de Campos, antes mesmo de traduzir *Fausto*, realiza um exercício de morte e ressurreição do original, sob um viés freudiano:

> Flamejada pelo rastro coruscante de seu Anjo instigador, a tradução criativa, possuída de demonismo, não é piedosa nem memorial: ela intenta, no limite, a rasura da origem: a obliteração do original. A essa desmemória parricida chamarei "transluciferação".

As traduções de Haroldo, Meira e Segall perfazem um encontro de alto nível, como se fosse uma trindade especular, em que todos se corrigem mutuamente e criam novo elemento químico, na lógica do excesso e da falta.

*

Creio finalmente que o papel luciferino pode ser atribuído sem dificuldade ao crítico de tradução, *persona non grata*, que vive a contrapelo, fora dos padrões de simpatia universal. Trata-se de um espírito que nega, sempre, tudo, e que nada tem senão a própria vocação destrutiva, como na ária do Mefistófeles de Arrigo Boito, que termina com um estranho, incômodo assobio:

A dromologia do *Orlando Furioso*

Na tradição humanista, a arte guarda uma íntima analogia com a criação do universo, como se o artista, poeta de segunda potência, revivesse o *Gênesis*, ao plasmar um microcosmos, derivado e reduzido, como imagem reflexa no espelho do mundo. Para Dante, a arte não podia deixar de ser a neta de Deus (Inf., 11, 105): "*sì che vostr'arte a Dio quasi è nepote.*"

Não sei de obra que mais de perto realize, no alto Renascimento, essa porção de analogia como o *Orlando Furioso*, de Ludovico Ariosto, livre da voragem teológica dantesca, em que a geografia resulta de uma vibrante adição de *epos*: da Terra ao Inferno, do paraíso terrestre até a Lua, sem barreiras ou cláusulas metafísicas, ao longo de quase quarenta mil versos de extensão. Versos que não param de crescer, do século XVI até hoje, com a recitação dos poetas populares, que modificaram o *Orlando*, sem saber que o faziam, e especialmente com a leitura criativa de Italo Calvino, que emprestou cantos novos à obra de Ariosto, agasalhados, muito embora, numa prosa inconfundível.

Calvino declarou falência antes de tentar a síntese do *Orlando Furioso*, dos mais difíceis de resumir e apanhar, como Proteu da *Odisseia*, protagonista de uma recorrente metamorfose. De minha parte, nada farei para diminuir essa dívida plurissecular, mesmo porque, ainda segundo Calvino, o *Orlando* "se recusa a começar e a terminar". Parece-me, de fato, como percebi desde a primeira leitura, que a obra se inscreve num horizonte elástico e bastante maleável, dotado de capacidade centrífuga, na iminência de ver estilhaçada a própria obra, não fossem reações de contrapeso, ou de correntes centrípetas, que reduzem a velocidade do poema, definindo pausas e regressos narrativos. Correntes de curta duração, que logo se desmentem e fogem, apressadas, em sentido contrário, como os cavalos que rasgam, de norte a sul, a paisagem do *Orlando Furioso*.

Nesse regime de fluxo e refluxo, a poesia de Ariosto cresce ao longo de toda uma série de pontos nodais, que seu autor aperta e desamarra, fazendo que os paladinos, como disse Jacob Burckhardt, "apareçam e desapareçam, não por causa de sua natureza, mas porque o poema assim o exige". Porque o *Orlando* se organiza sobre constelações polifônicas, distribuindo as vozes mais diversas, com sábia precisão, emprestando parcelas de quietude ou de silêncio, quando se interrompem as façanhas, como no palácio de Atlas, onde vivem, presos por mágicas virtudes, damas e cavaleiros, até recuperarem, libertos pelo autor, suas respectivas linhas de canto (XII, 12), traduzidas, sempre, neste capítulo, por Pedro Ghirardi:

> *Tutti cercando il van, tutti gli danno*
> *colpa di furto alcun che lor fatt'abbia:*
> *del destrier che gli ha tolto, altri è in affanno;*
> *ch'abbia perduta altri la donna, arrabbia;*
> *altri d'altro l'accusa: e così stanno,*
> *che non si san partir di quella gabbia;*
> *e vi son molti, a questo inganno presi,*
> *stati le settimane intiere e i mesi.*

> Buscam-no todos, todos lhe dão carga
> de os agravar com furto ou com rapina.
> A este o roubo de um ginete amarga,
> perdeu aquele a dama, e a ira o domina.
> Só pensam em queixar-se e isso é o que embarga
> saírem da prisão que os arruína.
> Ficam retidos nesse engano às vezes
> por semanas inteiras e até meses.

Livres afinal do palácio, e obedientes a uma razão estrutural quase aritmética, correm para novas regiões, com inarredável fome de espaço, velozes, ruidosos, em todos os sentidos, embates e ações, como nas assonâncias de famoso duelo (XLV, 76), em andamento musical prestíssimo, cercado de vírgulas, estrofe que não traduzo para sentir-se apenas o material sonoro:

> Quando allo scudo e quando al buon elmetto,
> quando all'osbergo fa gittar scintille
> con colpi ch'alle braccia, al capo, al petto
> mena dritti e riversi, e mille e mille,
> e spessi più, che sul sonante tetto
> la grandine far soglia de le ville.

Em contraponto ao duelo, gosto de aduzir uma passagem conhecida, em ritmo algo mais lento, ou largo, transido por imagens estáticas e verbos iguais, que apontam para o repouso, diante da serena contemplação da beleza (I, 42):

> La verginella è simile alla rosa,
> ch'in bel giardin su la nativa spina
> mentre sola e sicura si riposa,
> né gregge né pastor se le avicina;
> l'aura soave e l'alba rugiadosa,
> l'acqua, la terra al suo favor s'inchina:
> gioveni vaghi e donne inamorate
> amano averne e seni e tempie ornate.

> Menina e moça é semelhante à rosa
> que no berço espinhoso inda se abriga;
> repousa ali segura, descuidosa,
> gado ou pastor não teme que a persiga.
> Domina a terra e as águas, majestosa,
> o orvalho matinal e a brisa amiga;
> no peito a trazem e na fronte ornada
> moço amante, donzela enamorada.

A modulação de Orlando, entre largo e prestíssimo e não somente nas duas estrofes citadas, abraça um conjunto de células rítmicas muito apreciadas no Renascimento, entre as quais a montagem e a sucessão de episódios, como vemos aplicados na igreja de Santa Maria del Fiore, com uma dinâmica de motes simétricos que se desatam, com a mesma inteligência, tanto nas paredes laterais do templo, quanto nos cantos de Ariosto. Simetrias e formas paralelas distribuídas numa partitura infinita. O *Orlando* resulta desse compromisso vibrátil com as coisas plurais, organizadas em camadas melódicas que obedecem ao processo de constante nomeação de pessoas, animais e objetos, regiões próximas e afastadas, terras, espadas e cavalos. Como se a nitidez da trama dependesse da descida ao singular, da visitação permanente do indivíduo, para logo atender a outras e maiores espécies, numa via de mão dupla entre sonho e realidade, *pari passu* com uma escala indivisa e universal. A memória do *Orlando* não se esgota nesse trânsito complexo, antes se aprofunda na dialética do silêncio e da palavra, a ponto de reificar o primeiro (XIV, 92), cuja casa, no Iêmen, é narrada com leveza e graça:

> *Giace in Arabia una valletta amena,*
> *lontana da cittadi e da villaggi,*
> *ch'all'ombra di duo monti è tutta piena*
> *d'antiqui abeti e di robusti faggi.*
> *Il sole indarno il chiaro dì vi mena;*
> *che non vi può mai penetrar coi raggi,*
> *sì gli è la via da folti rami tronca:*
> *e quivi entra sotterra una spelonca.*

> Na Arábia há um lindo vale mui pequeno,
> distante de cidades e arraiais,
> dois montes lhe dão sombra e tudo é pleno
> de velhos pinhos, sólidos faiais.
> Em vão se mostra o sol ao bosque ameno:
> não há de entrar seus raios lá, jamais,
> que seus caminhos a folhagem trunca;
> ali se abre na terra uma espelunca.

Longe do silêncio e da espessura dos bosques, zunem espadas, atroam batalhas, porque se trata de um poema de ação e movimento puro. Tudo aqui se move, sob a chave do amor e da guerra. E não é pouco:

a taxa demográfica do *Orlando* é das mais elevadas na literatura ocidental. Espaço que se dilata para todos os lados, debaixo da moldura de um mundo inflacionário e de meteorologia estável. Faz sol nessas páginas que não conhecem precipitação pluviométrica e nuances de densa escuridão. Mesmo quando é noite, subjaz o timbre luminoso, que apressa os primeiros raios da aurora, clareando uma riqueza meridiana de detalhes que compõem o cenário deslumbrante, com que interagem e se confundem os paladinos. Sob a expansiva claridade, eis que nos perdemos e voltamos a nos encontrar, no encalço da profusão de histórias que se multiplicam, soltas na aparência ou interligadas no coração do *theatrum mundi*, com golpes cênicos e reviravoltas inesperadas, que deixam a plateia e seus leitores suspensos, porque não controlam os rumos da mudança e seus inquietos personagens. Como Astolfo, que viaja até a Lua, no carro de Elias, porque lá estão as coisas perdidas na Terra, como a razão de seu primo, Orlando, que ele precisa trazer de volta, para deter-lhe a fúria causada por um amor não correspondido (XXIV, 75):

> *Le lacrime e i sospiri degli amanti,*
> *l'inutil tempo che si perde a giuoco,*
> *e l'ozio lungo d'uomini ignoranti,*
> *vani disegni che non han mai loco,*
> *i vani desideri sono tanti,*
> *che la più parte ingombran di quel loco:*
> *ciò che in somma qua giù perdesti mai,*
> *là su salendo ritrovar potrai.*

> Lágrimas e suspiros dos amantes,
> tempo inútil, perdido só em jogar,
> os dilatados ócios de ignorantes,
> projetos vãos, que nunca têm lugar,
> vãos desejos, são tais os ocupantes
> da mais vasta porção desse lugar.
> Saiba quem perder algo nesta vida,
> Que se acha lá qualquer coisa perdida.

Um halo de fosfórea harmonia atravessa de ponta a ponta a obra de Ariosto, e, mesmo diante de várias dissonâncias, não perde jamais o timbre líquido e suave, a condição cristalina de seus versos, que se sucedem homogêneos, sem repentina transição de registros ou margem descontinuada, trate-se de cantar a guerra e o amor, a ira e o júbilo, o sonho e a morte. Nada se perde no tecido narrativo. Nenhum fio se mostra esgarçado. Mesmo quando a maga Alcina, modelo aparente de platônica beleza, revela-se, afinal, sem truques (VII, 73):

> *Pallido, crespo e macilente avea*
> *Alcina il viso, il crin raro e canuto,*
> *sua statura a sei palmi non giungea:*
> *ogni dente di bocca era caduto;*
> *che più d'Ecuba e più de la Cumea,*
> *et avea più d'ogn'altra mai vivuto.*
> *Ma sì l'arti usa al nostro tempo ignote,*
> *che bella e giovanetta parer puote.*

> A cara, magra e exangue, se lhe enruga,
> a cabeleira é rala e encanecida;
> da boca os dentes deram-se-lhe à fuga;
> e não se ergue a seis palmos de medida;
> Da cumana e de Hécuba conjuga
> As idades, e as vence em larga vida.
> Mas arte hoje ignorada faz que possa
> aparecer sempre formosa e moça.

A narrativa homogênea depende de um sentimento musical, ao mesmo tempo compacto e difuso, irônico e participativo, que recorda um famoso adágio, segundo o qual Deus é uma circunferência que está em toda parte e cujo centro não está em parte alguma. Adágio que poderia traduzir perfeitamente o sistema de *Orlando* (sem a substância teológica), nos maquinismos narrativos, nos planos distintos, que de pronto se afastam ou se aproximam, como se fossem atrasados ou antecipados de acordo com a necessidade. Seus múltiplos relógios ficcionais, inerentes à música do processo, entre regiões graves e agudas, como afirma Ariosto (VIII, 29):

Signor, far mi convien come fa il buono
sonator sopra il suo instrumento arguto,
che spesso muta corda, e varia suono,
ricercando ora il grave, ora l'acuto.

Senhor, convém que eu seja como o bom
músico que, ao tocar, vai a miúdo
mudando ao instrumento corda e o som,
em busca ora do grave, ora do agudo.

Uma alternância que repousa no espaço de uma tessitura média, em modo musical maior, pois Ariosto não se afasta um milímetro sequer da *aurea mediocritas*, porque diante da infinita diversidade, de amores e aventuras, a narrativa, ou a tessitura do poema, adquire um fio de estabilidade, dentro de um processo mercurial, voltado para a causa eficiente, ao movimento e às possibilidades que jamais se esgotam. O *Orlando Furioso* é um canto de liberdade lúdica, ao longo do qual viceja uma ironia serena, que será, para seus leitores futuros, razão de seu profundo encantamento.

Montaigne: uma ética da tradução

A obra de Montaigne redefine a descoberta do sujeito moderno nas grandes rupturas do século XVI. Alarga a visão do indivíduo, que nasceu no coração do cristianismo, na releitura dos clássicos. E trouxe para o centro do repertório a observação do eu (ou do nós, como disse Antoine Compagnon), do mesmo modo pelo qual Galileu fundamentou o método de observação e ensaio.

Uma forma de universo prático, mensurável: ao mesmo tempo relativo e absoluto. Criou uma obra total, em que o observador protagoniza a busca da verdade. Uma rede ágil, densa e fugaz, na qual se espraia a interpretação das coisas.

E como Galileu, mais tarde, Montaigne aceita as manchas lunares dentro de seu espírito, a fragilidade e o abismo de um mundo que preferia não lidar com a sombra.

Donde o zigue-zague do percurso, antecipando o estado larval da dúvida. Não mais o tratado, mas o ensaio. O limite das coisas não sabidas, a interrogação como forma principal e suficiente.

Traduzir Montaigne comporta um índice de alto risco, em virtude de uma prosa essencial, de baixos decibéis, no limite do silêncio, do espaço entre as linhas, sem alarde, portanto, seguindo uma progressiva emissão de timbres refinados, contrastes sutis, volumes semânticos em equilíbrio, alterados no peso e na distribuição da frase. Ele mesmo disse:

> Quero que as coisas dominem e encham a imaginação de quem escuta, de tal modo que o ouvinte não tenha nenhuma lembrança das palavras. A linguagem que amo é uma linguagem simples e

natural, tanto no papel como na boca: uma linguagem suculenta e nervosa, curta e concisa, não tanto penteada como veemente e brusca.

Assim, traduzir Montaigne, na chave da concisão e da veemência, é, em certo sentido, mais complicado que traduzir François Rabelais ou Teófilo Folengo. Embora difíceis, este e aquele, rezam, ambos, pela gramática da expansão, numa levedura incessante, que prescreve recursos ambíguos, marcas de efeito, mudanças sintáticas intempestivas: uma cadeia de neologismos macarrônicos. De outra beleza, bem entendido, que as distingue de *Os ensaios*.

Com Montaigne é tudo meio-tom abaixo, como quem sussurra, ou esboça uma alusão, como quem não diz e, com isso, amplia sua potência afirmativa. Uma leitura exigente, como a dos exercícios de Inácio de Loyola ou do acúmulo de argumentos de Étienne de la Boétie.

O que Montaigne disse da inquietação do espírito humano aplica-se a uma tradução em progresso, igualmente líquida e obstinada:

> É sinal de estreiteza quando o espírito se satisfaz: ou sinal de lassidão. Nenhum espírito poderoso se detém em si mesmo. Sempre se empenha em ir mais longe e vai além de suas forças. Seus impulsos vão além de seus feitos. Se não avança e não se apressa, e não se força e não se choca e se revira, só está vivo pela metade. Suas buscas não têm término nem forma. Seu alimento é o espanto, a caça, a incerteza.

Assim se exprime nosso Montaigne brasileiro, no verbo de Rosa Freire d'Aguiar, levada pelo "desafio de traduzir um texto de quatro séculos de modo a conquistar o leitor de hoje". Dissolvendo, para tanto, com delicada parcimônia, nimbos e cúmulos de palavras-nuvens, deixando, todavia, intocável o céu azul-escuro. Declara sua estratégia: "Os ensaios são escritos em linguagem recheada de incisos, digressões, arcaísmos, trocadilhos, às vezes em detrimento da clareza." E completa que procura "conciliar o respeito ao original com a legibilidade para um leitor de hoje, apresentando-lhe uma tradução cuja fluência, longe de banalizar a obra, o leve ao prazer da leitura".

Promessa que poucos saberiam cumprir com a mesma qualidade de Rosa. Fui bater às portas da *Pléiade* e comparei dois trechos, relativos aos índios tupinambás e à análise da solidão, em que Petrarca e Agostinho promovem, com Montaigne, um colóquio soberbo.

Volto das obras completas convencido das escolhas de Rosa, dentro de uma língua clássica e nem por isso pedante — para escândalo de certa pós-modernidade, para quem o moderno não é senão sinônimo de um amanhã sempre adiado.

Brilham, no laboratório de Rosa Freire d'Aguiar, resíduos químicos de Antonio Vieira e Manoel Bernardes. E sobretudo Machado de Assis, mestre da fluência e da tonalidade recolhida. A tradução de Montaigne respira com plenos pulmões machadianos.

Sem ele, Rosa não teria realizado sua trama complexa.

Aponto uma ética da tradução, pactuada com clareza entre os textos, na melhor contabilidade entre ganhos e perdas. Administrar o processo exige decisões incontornáveis. E nisso consiste o mérito da leitura de *Os ensaios*. Rosa seguiu os versos de Murilo Mendes, que dizia olhar para tudo com olhar ambíguo. Ou plural. Eis a marca da grande tradução de Montaigne.

Só não simpatizo com a quarta capa, quando afirma que a antologia apresenta uma abrangência exemplar "sem que se precise recorrer aos três volumes de suas obras completas". Pergunto-me o grau de dispensabilidade da obra de Montaigne, nas ondas do hipertexto e do nomadismo. A obra completa se ressentiria da aparência de um complô metafísico, livro sagrado, espécie de coisa em si, contra a qual se deve lutar, em busca de fluxos mais velozes ou, quem sabe, menos controláveis.

Se isso for radicalizado, uns poucos twitter, de Montaigne poderiam, talvez, dispensar-nos da leitura da presente antologia? Não creio. Uma ética da tradução responde por uma ética do leitor. E nesse mundo não existe substituição. Mas transmutação.

A literatura dispensa embaixadas, representações didáticas ou científicas. São instrumentos. Mapas de travessia. E aquela seleção cumpre rigorosamente com as duas pontas de um mesmo conjunto ético.

T. S. Eliot e o pantempo

Abro as páginas de *A eternidade pelos astros*, de Louis Blanqui, e volto ao fascínio da primeira leitura.

Preso na fortaleza de Taureau e mergulhado no sistema de Laplace, Blanqui esboça uma teoria, segundo a qual o Universo promove um sem--número de combinações. Tudo se bifurca e multiplica. E cada um de nós possui um número indefinido de sósias, que habitam outros mundos e repetem milhares de vezes o que fizemos e quanto nos resta fazer. E bem melhor: o que poderíamos ter feito!

Assim, vejo Machado de Assis escrevendo, amanhã, o terceiro capítulo de *Dom Casmurro*. Ou clareando o remorso de Bentinho. Vejo o naufrágio do Deutschland a repetir-se indefinidamente com a forte emoção de Hopkins. Ou, ainda, Madame Sosóstris, a cartomante de T. S. Eliot, tirando a sorte para Shakespeare. E resfriada. Para Blanqui, o novo é sempre antigo e o antigo é sempre novo: "os mundos futuros são idênticos aos mundos passados. Só o capítulo das bifurcações permanece aberto à esperança." Desse capítulo partiram Walter Benjamin para as "Teses sobre o conceito da História" e Jorge Luis Borges para o "Jardim dos caminhos que se bifurcam".

Uma janela aberta ao vento das coisas que passam. Numa outra via, o poema "Sudden Light", de Dante Gabriel Rossetti, dedicado a Elizabeth Siddal, guarda frente ao tempo a sensação do *déjà vu*, o sentimento de ter visto pela primeira vez algo, de que vaga e estranhamente nos lembramos. E se revela, como luz inesperada, no verso "I have been here before". Em outro mundo, talvez. Em outra esfera.

Não seria oportuno repisar como e quanto os mistérios agostinianos do palácio da memória e as primícias da *durée* bergsoniana aprofundaram, em *The waste land*, os abismos do tempo subjetivo. O pantempo de Eliot traduz uma simultaneidade nova, mais que circular ou repetitiva, para além dos mundos de Blanqui e dos estados místicos de Rossetti.

Tanto em *The waste land* quanto nos "Quatro quartetos", respiramos uma nova temporalidade. No grande redesenho de Ivan Junqueira, temos em "Burnt Norton":

> O tempo presente e o tempo passado
> estão ambos talvez presentes no tempo futuro
> e o tempo futuro contido no tempo passado.
> Se todo tempo é eternamente presente
> todo tempo é irredimível.

Eliot está com Dante e Boécio a respeito da eternidade, que se define como vida perfeita, simultânea e interminável. Para Eliot, o sentido principal surge da esfera do simultâneo.

Como na *Divina comédia*, o eterno da subjetividade penetra as faixas do tempo em *The waste land*. Faz-se atual diante de todas as circunstâncias. Presente, passado e futuro não se distinguem aos olhos de Beatriz, verdadeira interface com a vida interminável. Eliot aprofundou a gramática do simultâneo na *Divina comédia*, a dos múltiplos extratos de sentido usados por Dante, como lembra Helen Gardner.

Uma cena da *Divina comédia* espraia-se em regiões de leitura potencial, como o Velho de Creta, no Inferno; Matelda, no Purgatório; e a Águia, no Paraíso. Algo das amplas remissões do Apocalipse.

"*The burial of the Dead*" produz, como em Dante, um índice de mistério e beleza superior. Entramos num mundo devastado, em cujos fragmentos o poeta se apoia (*these fragments I have shored against my ruins*). Como se fossem, aqueles mesmos fragmentos, os cavaleiros errantes do Graal nos veios da metrópole de Baudelaire. Lembram ao mesmo tempo um não lugar, a imensa diáspora do Inferno. Uma cidade irreal de mortos-vivos que bem pode ser Londres, alguma parte do Império Austro-Húngaro, os mares desertos da Irlanda ou, quem sabe, o Mediterrâneo fenício.

Toda uma corrente de registros, línguas e remissões.

E, contudo, mais importante que apontar a densidade geológica da primeira parte do *The waste land*, é preciso não perder de vista a altitude que move o poema: a música do pensamento de Eliot, que tanto havia de impressionar Charles Lamb, a ponto de compará-la apenas ao comovido lamento de Ferdinando na *Tempestade de Shakespeare*.

Diversos críticos lembram o impacto das obras de Wagner e Beethoven sobre Eliot. Outros insistem na importância do jazz e do blues. Como a voz de Brangäne, atravessando o tempo e a noite:

Todos guardam sua parcela de razão musical. Mas há que lembrar uma complexa afinidade com Edward Gibbon a respeito da queda do Império Romano. A ideia do *The decline and fall of the roman empire* originou-se de uma estranha melodia das ruínas. Para Gibbon, a decadência é uma dissonância na geometria da razão. Descreve na *Autobiografia* o que restou de Roma. Sentado entre as ruínas do Capitólio, o ainda jovem estudioso ouve os carmelitas cantando junto ao antigo templo de Júpiter. Duas forças combatem: o mundo antigo e o medieval. E um novo extrato — da Roma dos Seiscentos — completa as sobreposições, como que a tiranizá-las provisoriamente.

Gibbon tem diante de si um domínio de praças e fontes, igrejas e obeliscos, que mal escondem a grandeza de outrora, sobre a qual se edificou a nova Roma. Tudo simultâneo. Ruínas nas quais também se apoia.

O leitor hipócrita de Eliot, seu igual e irmão, partilha o sentimento de não lugar, a diáspora das formas devastadas, de que emerge a nova harmonia. E como insistem essas ruínas, náufragas de sua perdida glória!

Ao tornar abril ou setembro meses cruéis de uma guerra, ao mesmo tempo cósmica e vegetal, a impressionante ópera *"The burial of the Dead"* brilha com a pálida luz do Purgatório — aquela doce coloração de oriental safira, por onde nos perdemos, irredimíveis.

maltraçadas linhas

Responde que eu pago o selo?

Noel Rosa

Cleonice Berardinelli: 100 anos

pera leyxar Cleõoyçe allegre

Nom haa en aquestas partes do rreyno, como sõ ditos per castellãaos e purtugueses, hũua senhor tã faimosa e cõoçuda como uos, Cleõoyçe, ao perto e ao longi, dantre çeo e terra, pollas primiçias e perfundezas de uossa lyngoagẽ, u se mesturam treeua, splendor, requeza e fremosura — tã amiga de Pessoa, Camões, dom Dinis: de aquesta Trĩjndade sos, minha senhor, arreyna e pelerim.

    Eixalço cum deteença e anafis, e proll de todallas uossas possissões: leyxã no coraçõ dos omẽs hũ mysterio azur, hũ mysterio de moytos rreynos e libros ualerosos.

    Seyã baldosamẽte dadas, sabuda Meestra, todallas lloas, pera sua linnagẽ, assy de uossos amigos, cum todalla estimaçã que cõuẽ a seme- lhauel ssodita daquest grãde e uniuerso rreyno.

    Asi, eu, Marco Lucchesj, em nombre de elrrey de Portugal, dom Manoel I, polla uontade de Deus, Senhor do Commercio, da Nauegaçã e da Comqujsta na Etyopia, Arrabia, Persia & India, oferreço pera *fidel ssodita Cleõoyce Serooa Berardinellj hũ mylhaão de marauedis d'ouro, mill adamantes e oabito de Chrijsto y toda aquesta Terra de Santa Crrux per saecula seaculorum pollos subidos ac marauyllosos 100 ãnos.*

Flumen Januarii
Decembris, Anno Domini Nostri Iesu Christi MMXV

Puro e disposto, Alfredo Bosi

O título diz tudo. Um dos leitores mais refinados e eruditos da cena brasileira contemporânea. Devemos-lhe páginas admiráveis sobre as formas prismáticas de nossa cultura. Inscritas no conjunto de uma obra densa e interligada, *prima facies* literária, aquelas páginas se nutrem e configuram a partir de um forte sentido epistêmico, avançando por múltiplas camadas de saber, de que resulta um diálogo inarredável com a História, como o demonstrou no livro *Entre a literatura e a história*.

E não só. O espírito leonardiano de Bosi, para além da sociologia e da psicanálise, leva-o aos mais diversos campos de leitura, dentre os quais o debate sobre a finalidade da biologia, quando analisa o livro de Jacques Monod, os fundamentos do materialismo dialético, as visitações teológicas a Teilhard de Chardin, as frases de Guimarães Rosa e Euclides da Cunha, os versos de João Cabral e Luís de Camões.

Além da perspectiva do Brasil e do Ocidente, Alfredo Bosi é dos maiores italianistas brasileiros, amigo de Eco, Moravia e Ungaretti. Ainda jovem estudou o Renascimento, sob uma perspectiva radial, na cidade de Dante, seu mestre permanente, enquanto se movia nas ruas da Nova Atenas, entre as estantes invisíveis da Academia Platônica.

Bosi foi aluno dos maiores nomes da crítica, da história, da filosofia e da filologia do século XX, de que se destacam Eugenio Garin, Giacomo Devoto, Walter Binni, Bruno Migliorini e Cesare Luporini. Tornou-se ele também sexto dentre os cinco mestres. *Sesto tra cotanto senno*.

Esse recorte marcou a trajetória de Bosi, dentro do qual a filologia e a filosofia, como na *Scienza Nuova*, não são inimigas, senão irmãs que exigem intensa comunicação. A primeira coleciona, organiza e acumula, ao passo que a segunda interpreta, esclarece e articula.

Eis um dos focos da erudição luminosa de Alfredo Bosi, que não para narcisisticamente em si mesma, pois está articulada num sopro de inteligência ordenadora. Se perdêssemos, por hipótese, sua raiz italianista, deixaríamos de entender boa parte do alcance de sua reflexão.

A obra que Alfredo Bosi dedicou ao Brasil lembra a planta da catedral de Santa Maria del Fiore, com a torre de Giotto e a cúpula de Brunelleschi, o afresco do Juízo Universal, iniciado por Vasari, e o mármore de Luca della Robia.

Não me refiro apenas ao aspecto dimensional, mas aos extratos de leitura que se aprofundam em Santa Maria del Fiore como um palimpsesto interminável. O nível subterrâneo, a planta original da igreja de Santa Reparata, sobre a qual se apoia Santa Maria, tem muito a dizer, desde a memória simultânea das camadas anteriores, que se estendem ao longo da base da última igreja, ultrapassando-a em termos arquitetônicos.

Tal analogia parece-me explicar o diálogo vigilante da dialética de Bosi, italianista e intérprete do Brasil, a igreja de base e a catedral, respectivamente, e sem conflitos, nem solução de continuidade. Essa qualidade bifocal, ou mais essencialmente pós-renascentista, propiciou a Bosi o refinamento de um Jano vigoroso, de matrizes comparatistas.

Percorro uma vez mais a *História concisa da literatura brasileira* para encontrar uma plêiade peninsular: Marino, Verga, Leopardi. Gadda, Manzoni, Pirandello. Ou ainda, na *Dialética da colonização*, em que *Cinque* e *Seicento* integram parte de nossa formação colonial. Penso em *Céu, inferno*, cujo *intermezzo* italiano empresta ao volume um índice de alta biodiversidade. Ou ainda *O ser e o tempo na poesia*. E não me refiro à *storia ideal eterna* de Vico, determinante no diálogo de Bosi com Gramsci, Croce e De Sanctis. Sublinho o *approach* de Paolo e Francesca na dinâmica sofisticada entre ideologia e sua razão contrária, como retomará mais tarde em *Ideologia e contraideologia*.

Os exemplos seguem ao longo e ao largo de uma obra de amplas dimensões. Seria, contudo, uma abordagem imperfeita insistir nas duas vertentes de sua obra, quando inaugura um diálogo eminentemente polifônico e de longa duração. Bosi é mais que a soma de duas partes ou das forças. É um intérprete de tempos árduos, com a coragem de seguir a História a contrapelo, como Benjamin, com o Angelus Novus em meio às ruínas.

Alfredo Bosi não desiste de uma luz ambígua, plural e solitária que incide sobre o rosto de Santa Teresa de Bernini e dos profetas do Aleijadinho. *Puro e disposto a salire...*

Kerido Evanildo Bexara

Diante das discussões gerais sobre a ortografia, que se repetem, com o mesmo e monótono estribilho, nos últimos cem anos, decidi endereçar ao mestre e amigo Evanildo Bechara uma carta, assimilando uma proposta mais adiantada. Selvagem. Sem hífen ou acento. Um duelo com a escrita. A próxima tentativa? O português na ortografia dos ideogramas.

Karo Amigo,

Pesso enkaressidamente ke konsidere kom boa vontade a prezente missiva, ke dirijo a um omen douto, mestre dos mestres, linias, por isso mesmo, eskritas kom temor e tremor.

Sobretudo nos dias ke correm, dias de mudanssas radikais, onde sossobram sertezas e medram ardidos kaminhos.

Alssemos, pois, karo mestre, o paviliao da paz no kampo de batalia da ortografia.

Ke cessem alfim as inuteis geras, sange, e orror ke a etimolojia — tiranika! — nos impoe inklemente.

Sejamos fassanhudos e atakemos os orizontes de antanho ke ate oje pezam sobre nossos ombros desvalidos.

Fassamos obra meritoria, demokratika. Tratasse dum esforsso ezijente, de pura vontade e adezao.

Para ke servem assentos, hifens & sedilhas, tantos e tamanhos, senao para dividir os sidadaos, maltratalos e perseguilos?

Karo Bexara, komo sabe, era assim ke penssavam muitos de nossos inklitos patrissios, desde o sekulo dez e nove.

Konto kom seu espirito sutil nesse ezame. Sem fantasmas latinos e espiritos gregos. Kuanto a mim, ditei estas mal trassadas linias para ke visse, com seus proprios olios, a pele e o aroma de uma lingoa nova.

Lingoa liberta e nassente, lingoa leve, sem a pezada erudissão ke onubila, ao fim e ao kabo, a imajem dakilo ke realmente keremos dizer.

Asseite o meu abrasso kordial, keirame bem!

Kom a estima ke devo ao mestre e amigo,
Marko

Ubaldo e Policarpo

Raros escritores souberam traduzir a fundo a condição polifônica da cultura brasileira como João Ubaldo. Não à margem de uma ideia, mas no corpo sinuoso da palavra, em sua ferida, aroma e textura, ao mesmo tempo física e erudita. Não se limitou apenas aos corifeus, mas destacou as formas corais, para individualizá-las, na trama de uma totalidade que ilumina a beleza das partes sociais e subjetivas. Sem dúvida, a presença de Jorge Amado. Mas não apenas, porque a síntese de Ubaldo ia a Gilberto Freyre, Euclides, Rosa e Machado, cada qual absorvido pelo material de sua oficina. E o padre Vieira. E Bernardes. Porque João Ubaldo dispunha de um apetite semântico pantagruélico, no ideário euclidiano, da palavra exata, que o sensualismo, de todas as tessituras, mais difusas e delicadas do que em Euclides. Não a palavra estática e sem vida, alçada ao voo por força e graça de adjetivos vazios nas vitrines de um museu literário. A palavra como ritmo e vigor das coisas vivas, feridas pela história.

Se João Ubaldo é um dos grandes músicos da prosa portuguesa, *Viva o povo brasileiro* é um "concerto grosso" de Bach, de longa duração e fraseado, cujas harmonias têm sede de espaço para respirar, para crescer, sem inflação, no entanto, na estrita observância do fraseado e das melodias sobrepostas. Palavra para favorecer a circulação das culturas às margens do Atlântico, deslocadas para este mundo, com saudades do futuro e laivos de sebastianismo.

Eis os motivos essenciais do concerto barroco de João Ubaldo, que ama as palavras na síntese de sonho e sangue de que são portadoras. Dos sermões de Vieira aos versos corânicos, da língua de Angola à língua geral, com frei Vicente de Salvador e Antonil, do inferno do açúcar e os outros reinos que João Ubaldo realiza no encontro de tempos mistos, como nas multidões dos filmes de Griffith. Para fixar, ao mesmo tempo, um rosto, um sujeito plural e coletivo.

Ubaldo conhecia bem o debate sobre os universais no fim da Idade Média. Conhecia Guilherme de Ockham e Tomás de Aquino, como declarou mais de uma vez. Se a arquitetura de *Viva o povo brasileiro*, mais complexa que a construção do colégio dos Jesuítas e a catedral de Cuzco em José Maria Arguedas, repousa de algum modo sobre aquela antiga disputa, dissolve-se de imediato num mundo abundante e curvilíneo, povoado de anjos e demônios na parcela de utopias dos tempos coloniais.

Tive a grata satisfação de manifestar meu entusiasmo a João Ubaldo de forma pública, no Prêmio Camões, e particular. Não perdi tempo. Não deixei de interagir como leitor.

Guardo apenas uma dúvida. Se *Viva o povo brasileiro* estava ou não guardado em alguma prateleira da biblioteca de Policarpo Quaresma. Gosto de pensar que Lima Barreto leu João Ubaldo. O mistério do todo na beleza cintilante das partes, sem antes ou depois. Não será essa a única e possível imortalidade?

*Tendes o reino
de Adem nas mãos.*

Francisco Álvares

posta-
-restante

As cidades de Ferreira Gullar

A obra de Gullar move-se nos limites de uma inquietação formal, num estado de rebelião sintática, levado por um desejo incessante de experimentação. Longe da gratuidade gestual, ou do subjetivismo presunçoso, a inquietação de nosso autor corresponde a uma legítima demanda criadora, laboratório aberto, desde *A luta corporal* até *Barulhos*, do *Poema sujo* ao *Na vertigem do dia*. Eis uma das razões de sua obra, variegada, como os mosaicos de Ravena, e incisiva, como as inscrições rupestres nas entranhas do Piauí. Toda a sua poética parece flutuar entre esses dois polos: o grafite e a composição.

Cidades inventadas é um sinal do que vamos dizendo, com seu perfil de inovação dentro de uma paisagem semântica e sonora, que percorre os fios elétricos desse território bizarro, iluminando cidades impossíveis, com a voltagem dos neologismos-fantasmas. Uma cartografia sem latitude ou longitude definidas, como os animais de Borges, o dicionário fictício de Manguel e o Reino do Preste João de Umberto Eco.

Muitos quiseram ver nas *Cidades inventadas* um manancial de ressonâncias com as *Cidades invisíveis*, de Italo Calvino. Se há uma ideia de fundo, é prudente distinguir a república de Gullar da monarquia de Calvino.

Temos na geopolítica das *Cidades inventadas* uma nítida filosofia da História, centrada no conflito, sob uma leve camada dialética, polarizada, muitas vezes, como em "Fraternópolis", ao lado de um espaço utópico, altamente performático, atravessado de ironia, sendo impossível arrancar as cidades do processo histórico, uma vez que a utopia assim como a distopia resultam ambas do fim da própria História, de seus abismos perigosos, de seu rumor de fundo, como Odon e Iscúmbria.

A cartografia de Calvino herdou a poesia italiana do século XVI, dentro de cuja vertente a aventura espaço–tempo flutua entre a História e sua negação, de que resulta a geolírica de Marco Polo, num Todo Diferente, bem longe do tempo. Como um capítulo dos primeiros relatos ibéricos sobre a Etiópia ou do misterioso palácio de Atlas, no *Orlando Furioso*.

Cidades inventadas pode ser lido como *A vida sexual de Emmanuel Kant*, de Jean-Baptiste Botul (na verdade Fréderic Pagès), livro de invenção, em cuja armadilha caiu recentemente Bernard-Henri Lévy, que citou Botul em seu próprio ensaio. Portanto, uma cartografia sem cartório, um inventário de cidades que responde apenas às leis da ficção.

As notas de pé de página de Gullar e o uso de livros falsos ampliam o espaço ficcional e evocam a deliciosa biblioteca de São Victor, em Rabelais, pelo uso de livros imaginosos, entre os quais: *Ervilha com toucinho, O saco dos magnânimos, A aparição de uma santa a uma freira de Poissy quando em trabalho de parto*.

O tom de Gullar é o de um Rabelais moderado, que veio depois de um Orwell, Huxley, Campanella e Morus. Uma verdadeira casa de espelhos, onde o poeta reflete uma parte de seus espectros. Para exorcizá-los, talvez.

Insisto no espaço de liberdade e aeração desse livro de ludismo experimental. Do ponto de vista das fábulas, salta aos olhos a vida de um poeta que sonhou o redesenho de nosso país e lutou por uma visão conjunta da utopia.

Ao lado de Vera, Alberto

Com a delicadeza dos cantares de Salomão, a poesia de Alberto da Costa e Silva realiza a defesa soberana do espaço humano, das coisas próximas, dos arredores e cercanias, de quanto se descobre tão próximo de nós.

A cada poema, em vez de luz, temos uma clara demanda de espaço: *mehr Raum*!

E a figura de Vera responde por essa espécie de reencantamento do cosmos, de um aqui e agora quase tangível, como se criasse uma *vis* nova, potência arcaica, rediviva, quando tudo se mostrava em vias de terminar, em radical dissolução.

A presença de Vera é a última frase de Iaiá Garcia. Não o primado da imanência, mas o da transparência, em cujas águas se dessedentam os versos de uma poesia errática. Incerta? Não, de transumância, passagem da memória e das *res factae*, poesia de essências e de saltos, em versos absolutamente cristalinos.

Se para José Guilherme Merquior os versos de Alberto da Costa e Silva representavam a forma de um sentimento do mundo destilado, para Antônio Carlos Villaça significavam o primado de uma lucidez singular, que abrange, e de um só golpe, "o cantor da relva mínima e dos bois", de quem descobre, em tudo e para sempre, "um adeus sem destino".

Ao lado de Vera divide-se entre um grave desencanto e, *si licet*, uma intensa piedade cósmica, de cujo lírico vigor participam velhos e jovens, a natureza viva e morta, frutas e tubérculos, leguminosas e outras formas do reino vegetal e mineral.

Esse livro tem algo do "Cântico das criaturas", em negativo, sem Deus — quem sabe morto, à espera de ressurgir, ou ferido, talvez, e de modo insanável? Cântico em que os animais passeiam ao longo e ao largo dos poemas, como se reunidos fossem para formar um bestiário moderno, irmãos necessários e frágeis que refletem nossa estranha condição.

Um Noé despojado: sem arca, sem Deus. Apenas com o Dilúvio do tempo e seu rebanho imaterial. Prestes a naufragar. Naufrágio sem espectador, *Schiffbruch ohne Zuschauer*. Concerto de vozes silvestres, cúmplices na dor universal, entrecortada por laivos de uma esperança, desconhecida, teimosa e intermitente. Alberto sabe dizer junto ao quadro de Brueghel: "No alto da paisagem,/ na forca do pendurado,/ alguém, um quase nada,/ um pouco sobre o quadro,/ sem ninguém olhá-lo."

E desse quase nada, que mal se descortina, desse Cristo eclipsado, que não responde aos arredores e cercanias, propostos nesse livro, surge, mais nítida, uma escada, que leva a uma vertigem livre de altura, queda sem redenção, naufrágio sem espectador.

Alberto desce a escada, como fizeram Bandeira e Drummond. Volta-se para os mistérios da alteridade, perto de Vera.

Desce ao quotidiano com um canto de amor sem precedentes, de luminosa cumplicidade amorosa, menos um *stabat mater*, mais um *stabat mulier*, no alto serviço que os cavaleiros prestam à dama. "Pois é somente amar meu exercício", disse João da Cruz. Tudo sem ênfase. Uma discrição tocante, dolorosa, a que assistem as coisas quotidianas, que nos salvam, enquanto naufragamos.

E uma porta semiaberta, com um interior que adivinhamos, a que acorrem os passarinhos, não os da arca, mas os núncios do mistério, das afinidades primordiais, que, como aparecem na poesia de Alberto, se estendem deste sol às estrelas: Usa o meu coração/ para nos esconder, como aos olhos as pálpebras,/ do cansaço do tempo, do bolor dos retratos,/ e jogar para os céus, ao abrir das janelas,/ qual um sonho ou um parto, os pardais e os canários.

Considero esse poema dos mais belos que se escreveram no gênero em língua portuguesa. É de uma entrega comovida, sem mácula, do amador que se transforma na coisa amada, em *sermo humilis*, num quotidiano em deflação, com a presença indireta do pão e do vinho sobre a mesa, tábuas, retratos, e a sabedoria do coração, como dizem os místicos, nas pálpebras do tempo, das coisas que se mostram esgarçadas sob o céu. E o sonho em que se apressam canários e pardais, no seio de um canto nupcial, com a sentida intensidade que me comove todas as vezes que recorro a esse poema luminoso e iluminante.

Merquior: verso e reverso

Se ainda hoje fosse possível levar a cabo um projeto análogo ao *Plutarco brasileiro*, de Pereira da Silva, pronto a ampliar uma série de vidas paralelas, ligada tão somente ao pensamento, não seria árduo sugerir um conjunto de autores em espelho, que refletissem o Outro, revelando a diferença que os aproxima e a semelhança que os separa.

Não faltam exemplos, como Gilberto Freyre diante de Oliveira Lima, o Quixote gordo, logo para Gilberto, que atingiu a espessura da vida brasileira, desde uma vasta camada de documentos, com a agilidade de um Michaux. Ou como a inesquecível página de Machado sobre Alencar, de que se colhem diversas feições autossemelhantes.

Desenhos de vidas paralelas, que se encontram e se confundem em território de perene transição. Gêmeos que, mediante a projeção da díade, deparam-se uns com os outros e se reconhecem. Como a esferologia de Sloterdijk, ao refutar a dilaceração do Um, ao mesmo tempo que se decide por uma ontologia, mínima e pluralista, que parte do Dois.

Parece-me este o caso de *Verso e universo em Drummond*, de José Guilherme Merquior, cuja presença de Drummond é o polo de atração de que parte o pensamento do ensaísta sutil. Adentra o laboratório da poesia de Drummond com a impressionante agilidade de um felino, de quem reconhece timbres e sonoridades, ritmos e assonâncias, o estilo misto e a enumeração caótica. As leituras de Staiger e de Hugo Friedrich foram determinantes, assim como o fato de ter crescido com os versos de Gonçalves Dias e de preparar, ainda jovem, com Manuel Bandeira, a edição do *Poesia do Brasil*.

Não se ateve apenas ao laboratório, condição necessária, mas não suficiente. Merquior decidiu incluir a leitura social da obra de Drummond, partindo da intuição de Alceu Amoroso Lima, de que Drummond era o Baudelaire da moderna poesia brasileira. E Merquior não podia não pensar na imaginação dialética da Escola de Frankfurt, difundida por ele no Brasil. Se Baudelaire é *um lírico* no *auge do capitalismo*, Drummond se situa como "filho de fazendeiro emigrado para a grande cidade, *justamente na época em que o Brasil começava sua metamorfose de subcontinente agrário em sociedade urbana industrial*". Segundo Merquior, Drummond olhou para a evolução do sistema patriarcal e a sociedade de massa. Nem por isso Merquior reduziu a linguagem poética a um mero determinismo histórico. Soube tecer o diálogo, com a delicadeza de quem lida com origami, entre duas esferas distintas (gêmeas, paralelas), sem passar do Dois para o Um — como nas esferas de Sloterdijk. A alta percepção de Merquior do horizonte literário se aproxima à de Antonio Candido em *Literatura e sociedade*.

Quando pensamos na mudança de currículo nas faculdades de letras, os três níveis de análise de Merquior sobre Drummond apontam para um território seminal: o aspecto estilístico, a significação sociológica e ideológica da obra, com o lirismo de Drummond dentro da literatura ocidental moderna. O estudo da carne, ou do invólucro da poesia — como disse Drummond —, não se afasta da literatura comparada nem tampouco de uma aproximação com as ciências sociais. Eis a razão pela qual o universo-bolha ou placentário, que aproxima Drummond e Merquior, poderia gerar o subtítulo que explica o sentimento-ideia desse livro fundamental: *verso e reverso*.

Merquior atingiu indícios das camadas tectônicas abissais de Drummond, a ponto de intuir o futuro daquela poesia, sobretudo a que aflorou nos anos oitenta (e a tese de Merquior é de 1972), depois da fase de uma criação, que se explica assim:

> Desde o demonismo de "O padre, a moça", passando pela pausa de dominante cômica do memorialismo de *Boitempo*, a poesia do nirvana sofre o assalto das novas expressões da fúria de viver. Lutando contra a violência do princípio de realidade, o pensamento lírico de Drummond se tinha por longo tempo entregue ao mais sutil, ao mais radicalmente libertador dos avatares da libido — o instinto de morte. Somente Eros era capaz de ultrapassar, ainda que com sofrimento, a volúpia sem igual de Tânatos, e parece que o poeta fez dele a fonte de Juvência de seu estilo maduro.

A formulação não podia ter sido mais acertada, diante da metamorfose contínua da obra de Drummond — que lembra o poeta italiano Mario Luzi, filho e senhor da fonte de Juvência — como vemos em "A metafísica do corpo":

> De êxtase e tremor banha-se a vista
> ante a luminosa nádega opalescente,
> a coxa, o sacro ventre, prometido
> ao ofício de existir, e tudo mais que o corpo
> resume de outra vida, mais florente,
> em que todos fomos terra, seiva e amor.
>
> Eis que se revela o ser, na transparência
> do invólucro perfeito.

Eis o invólucro a que nos referimos. Verso e reverso de uma dinâmica dual magnificamente assinalada por Martin Buber. Drummond leva Merquior a uma sinergia tal, que o crítico se descobre à medida que nomeia seu objeto paralelo. Um bom poema — para Quintana — seria aquele capaz de ler o leitor.

E assim podemos dizer que o universo de Merquior se realiza no verso de Drummond. Seu ensaio poderia ter sido escrito pelo poeta de Itabira para revelar a frequência e o projeto de José Guilherme Merquior, um dos últimos e dos mais brilhantes intérpretes do Brasil.

Mistero buffo de Ariano

Ariano Suassuna foi um dos últimos grandes intérpretes do país. Sua obra não só compreendeu o Brasil, como foi, por sua vez, compreendida pelas diversas partes de que o Brasil se constitui. Fato raro entre nós, Suassuna foi amado e admirado com a mesma intensidade.

Descobri Suassuna, antes de o conhecer, quando Antiógenes Chaves me levou ao apartamento do maestro Cussy de Almeida, no Recife. Cussy estava momentaneamente órfão de seu *Stradivarius*, guardado em Londres, depois de tocar Vivaldi, na Sala Cecília Meireles. O maestro abordava sírios e reisados, sobre João Pernambuco e o ardente, ascensional Guerra Peixe. E a escala pentatônica da peça "Caboclinhos", que sabemos todos trautear:

Eu andava na casa dos quinze anos, com a cabeça cheia de cromatismo e dissonância. Chegou de repente um senhor com feições familiares. Trazia uma sanfona e deu, pouco depois, as primeiras notas de Asa Branca. Era ninguém menos que Luís Gonzaga, o Homero dos sertões. Improvisava acordes cheios. E alguém tratava longamente da música armorial.

Desde então, Suassuna traduz o sabor pessoal daquela tarde no Recife, que aconteceu por força e graça de sua obra, reunindo regiões aparentemente dispersas do Brasil.

Cheguei a ouvi-lo numa aula show aqui no Rio, passados vinte anos. Sua exuberância denunciava não apenas a versatilidade de talentos, mas a cultura que presidia à sua reflexão, nas raízes populares da comédia, para ir mais longe, para dizer mais (como se não dissesse), como fez, por outro lado, Dario Fo, ao voltar à *commedia dell'arte*.

A dramaturgia de Suassuna atinge patamares metafísicos, desenhados no limiar da física dos corpos e objetos. Alegorias encarnadas, com densidade artesanal, leves, fluidas, em puro dinamismo. E me refiro, sobretudo, aos mamulengos (físicos, filosóficos) da peça *A pena e a lei*, de estrutura dramática exemplar. Penso em Vieira, quando Cheiroso chega a dizer:

> Vocês farão um inventário de seus infortúnios e dirão se valeu a pena ter vivido ou não. Será assim julgando o ato que Deus praticou, criando o mundo. Vou eu mesmo servir de acusador, formulando as perguntas fundamentais do processo, tudo aquilo que se pode lançar no rosto de Deus, mais uma vez exposto à multidão.

Lembro-me do *Mistero buffo* de Dario Fo, no momento exato em que a procissão do papa Bonifácio VIII se depara com outra, mais simples e despojada, do próprio Jesus Cristo. E faço uma visita a João Grilo.

Com a morte de Ariano, perde o Brasil não apenas um de seus maiores candidatos ao Nobel, como também o traço de união das partes dispersas e incomunicáveis de um mundo em vias de extinção.

Boff: elogio do inacabado

Leonardo Boff escreveu um livro denso com a leveza de uma prosa luminescente, minimalista e breve. Em *Cristianismo: o mínimo do mínimo,* ele nos dá mais uma vez provas sobejas do alcance de seu labor teológico, nos limites de uma cultura da paz e da emancipação.

Some-se a isso, desde a metade dos anos oitenta, sua visão cósmica decisiva — poética e profética —, mediante a qual o núcleo duro da teologia da libertação foi adquirindo novos matizes.

A começar pela defesa radical e de sabor neoplatônico do mistério do meio divino. Mistério denso, impermeável, absoluto, que ilumina o Paraíso de Dante ou a noite de João da Cruz. Mistério transbordante de potencialidades, que se voltam à criação, das partículas elementares ao fenômeno humano. E o mistério não cessa, antes se abisma no nascimento e ressurreição de Cristo, como em Teilhard de Chardin. E se prolonga no mistério da iniquidade ao mistério do Reino e de sua ativa espera.

O mínimo do mínimo, para Boff, mora na célebre oração dos evangelhos, o de Mateus ou, mais propriamente, talvez, aquele de Lucas. É um dos pontos altos daquilo que o teólogo define como parte essencial da cristandade.

Mas o que realmente encanta no livro de Leonardo são as diversas interfaces, imagens e espelhos, através das quais as lacunas se interpenetram, formando uma torrente de realidades em estado de crisálida.

Uma espécie de teologia da falta ou da incompletude poderia definir o dinamismo filosófico de Boff quando afirma, por exemplo, que o próprio Jesus não acabou de ressuscitar. Ele começou em si o processo de ressurreição, vale dizer, da concretização daquilo que Reino de Deus significa. Só seu núcleo pessoal ressuscitou (...). Jesus continua ressuscitado no mundo, embora ainda participando da vida dos crucificados, seus irmãos e irmãs, até que, na plenitude dos tempos, acabe de ressuscitar. Ele tem ainda futuro. A ressurreição está ainda em curso, ela se mostra nos bens do Reino e da ressurreição como no amor, na solidariedade, na dignidade, da defesa dos vulneráveis e no cuidado da casa comum, a Terra.

Esse trecho traduz o elogio das coisas latentes, desenha a projeção de um futuro, a par de uma demanda concreta de justiça e comunhão. Ideias reiteradas de Boff que vêm de seus livros anteriores, mas com avanços importantes em alguns campos da teologia, que seria demorado explicar agora.

Basta a defesa da incompletude para a promoção de um novo olhar.

O inacabado é o anjo da crítica teológica. Penso nas obras de Faustino Teixeira, relativas à mística comparada, de que destaco *Os buscadores do diálogo*, ou nas novas tendências da teologia das religiões, como as de John Hick e Jacques Dupuis.

O livro de Leonardo Boff não é um ensaio religioso *hard*, que exija a fé como precondição de leitura, como um aviso de repartição da burocracia que impede a entrada dos sem-religião. Ao contrário, para um bom teólogo não há estrangeiros, tampouco uma só porta de entrada. Boff adverte que pensou o livro para aqueles que, com ou sem fé, sentem o fascínio da figura de Jesus.

Diga-se ainda que se trata de obra isenta de proselitismo, o que hoje constitui quase alívio e milagre. Um livro sem a desbotada logomarca *jesus!*, com franquias bem-sucedidas, produtos exclusivos e clientes fidelizados. Longe disso. Leonardo em sua biografia, bem como nesse livro, que um pouco a resume e sintetiza, não perdeu a intimidade com Francisco, intimidade que cresceu com o passar do tempo. E que tão radicalmente o distingue dos marqueteiros.

A libertação da Terra e do homem implica apressar o ainda-não, a projeção utópica do futuro, onde se encontram as três religiões mosaicas — o judaísmo, o cristianismo e o islamismo. O mistério da diversidade. O mistério da beleza nas coisas diversas.

Diversidade que concorra para a elaboração de uma cultura da paz, como insiste Boff, ao encerrar o terceiro livro das *Virtudes para um outro mundo possível*, quando considera essa nova cultura: "Uma das fontes que mais podem garantir o futuro. Então a paz florescerá na Mãe Terra, na natureza, na imensa comunidade de vida, nas relações entre as culturas e povos e aquietará o coração humano."

De olhos abertos, eis a matéria viva da teologia. Pensá-la é sua tarefa clamorosa.

Para Leonardo, a vivência abissal do cristianismo precisa ser recuperada, entendida como construção, nitidamente aberta, no compasso de uma espera ativa, que sente as dores do parto.

Ungaretti: invenção da poesia moderna

para Antonio Cicero

Um livro de há muito esperado e que permaneceu longa e injustamente esquecido em pastas e gavetas. O mérito é de Paola Montefoschi que, com sensibilidade filológica e sentido de resoluta unidade, resgatou os papéis de Ungaretti (aulas e conferências ministradas na Universidade de São Paulo, de 1937 a 1942) para que se constituíssem em livro. A que se junta um aparato crítico, oferecendo ao leitor o prazer intelectual de acompanhar a recuperação e montagem dos textos.

Os autógrafos, *a latere*, camadas sutis do palimpsesto ungarettiano, acabam por iluminar a força de um pensamento em trânsito, da própria montagem (recordo Eisenstein) e da labilidade desse livro.

As aulas de Ungaretti apresentam uma cultura de leve sabor dessanctisiano, menos analítico do que De Sanctis, com uma informação *aggiornata* e acompanhada pelo sentimento do tempo, em contraste aberto com Benedetto Croce.

Aulas realmente sentidas, habitadas por dentro, nas quais as questões da literatura italiana dialogam com a sua própria poesia, com os aspectos mais sutis, ou dramáticos, de sua vida, como a morte do filho de Ungaretti, que é uma das partes mais tocantes do livro *Il dolore*.

Podemos acompanhar igualmente o curso de um dos rios que Ungaretti não incluiu em seu poema homônimo, que caberia perfeitamente no Brasil, talvez o Tietê, como fez Mário de Andrade. Disse Ungaretti, já em 1968:

> Em 1936 parti para o Brasil e nele permaneci até 1942. Seis anos não são um longo período de tempo. Mas que anos foram estes para mim, de quantas novidades, e de quantas vicissitudes, acon-

tecimentos felizes e terríveis. Nele conheci, de modo novíssimo, a relação entre memória e inocência, que minha poesia sempre teve em mira conciliar. Nele conheci a maior dor que possa dilacerar um homem em seus afetos familiares e a compaixão do próximo a que, naquela circunstância, recorri para consolar-me com develos inigualáveis de delicadeza. O Brasil é a minha pátria humana.

Outro rio. Outra memória. De Petrarca e Leopardi. Como tanto se disse, Ungaretti é o terceiro elemento renovador da lírica italiana. O eixo começado com Petrarca, continuado com Leopardi, desaguando no poeta de "Os rios". É o que ocorre com o Petrarca das aulas brasileiras de Ungaretti, que funciona praticamente com o espelho direto de suas meditações, sentidas e aprofundadas em sua renovação formal.

Uma delas, o sentimento do tempo, a memória bergsoniana, quando começa a deslocar o contraste entre a *Comédia* e o *Canzoniere* para a dimensão de uma diferença entre a moral dantesca transcendente e a descoberta petrarquiana da eternidade do homem enquanto memória. Já não se trata apenas do exílio celeste, mas do passado.

Para Petrarca, importa a inversibilidade do tempo e a inarrestável caducidade das coisas. Memória, eis a palavra central a que recorre Ungaretti:

> Não podemos ter consciência do tempo e de nós próprios e até do menor ato de nosso viver de momento em momento, senão através de um reflexo que impulsionado pela memória, por sua vez a impulsiona, e como estamos habituados a chamar de tempo a esse fugidio reflexo do nosso espírito, do suceder-se dos nossos atos, e a chamar de memória a nós próprios, um homem não pode ter consciência de si senão pelo fato de que os seus atos se tornam memória, e de que tudo é memória. Eis a novidade de Petrarca.

Tudo em Petrarca deve ser explicado pela memória. Não o amor a Laura, mas a memória de Laura, não a luz, mas a luminosidade evocada agora. A memória escoimada da matéria, para usar os conceitos de Bergson.

Assim, em Ungaretti, o sentimento petarquiano do tempo e o sentimento leopardiano do passado coincidem com a ideia de uma *durée*, de raízes arraigadas que se entrelaçam com as ruínas de Roma, amadas por Petrarca, *in praesentia*, e por Leopardi, *in absentia*. A Roma ideal convocando as ruínas de Roma. As ruínas de Petrarca e as de Leopardi absorvidas pela sintaxe de escombros e subtrações de que é composta a obra de Ungaretti.

E como não lembrar do livro décimo das *Confessiones*, de Santo Agostinho, ao abordar o palácio da memória — página sublime da literatura ocidental — em que a memória recorda que deve esquecer. Talvez, aqui, o palácio e a biblioteca imaginária começam realmente a coincidir. Penso numa cadeia de leitores. Agostinho lendo o *Eclesiastes*. Petrarca lendo as *Confessiones*, em 1348. Leopardi lendo o *Canzoniere*, e Ungaretti lendo os *Canti*.

A biblioteca da memória, como contraponto do esquecimento e da morte que avançam a grandes jornadas.

caixa postal

Cidade e escritura unem seus destinos.

Fernando de la Flor

Biblioteca Nacional 200 anos:
uma defesa do infinito

A História do Brasil e da Biblioteca Nacional formam um todo, uma relação íntima, profunda e especular. Há que considerá-las sob essa forte dependência. Partilham os mesmos dilemas, glórias, desafios. Não se pode abstrair uma da outra sem prejuízo de ambas. Como esquecer a primeira, sem ferir a memória indelével da segunda?

Temos assim o perfil de uma biblioteca polifônica, refletida nas vidraças de uma grande janela ocidental. Pronta para um diálogo centrado na alteridade, diante de cuja dimensão o Brasil atinge em cheio o modo de aderir ao concerto das nações.

A Biblioteca Nacional não é uma bibliópolis faraônica, por onde se empilham alfaias e cimélios. E nem tampouco um altar impenetrável, segundo o conto de Borges, no qual, extinta a espécie humana, a Grande Livraria havia de ser "iluminada, solitária, infinita, perfeitamente imóvel, armada de volumes preciosos, inútil, incorruptível, secreta". Ao contrário dessa metáfora, ao mesmo tempo bela e terrível, a Biblioteca Nacional é um espaço público, vivo e aberto. Completamente impensável fora do horizonte do leitor. Infinito potencial, à espera de novo recorte, na relação subjetiva da parte e do todo. Gabinete e livraria, povoada por uma gama de competências, a Biblioteca responde desde a guarda e preservação do acervo a uma extensa política de leitura, dentro e fora de sua bibliosfera: do incunábulo ao manuscrito, do in-quarto ao navegador, contemplando, ao fim e ao cabo, o *homo digitalis* e o *homo tipographicus*, sem redução ou antinomia das mídias.

A palavra-chave é o acesso. E sob múltiplas espécies. Do volume espesso e molecular ao diáfano e transparente dos suportes contemporâneos. Trata-se de uma biblioteca multifária.

O acervo é fruto de seu estado peregrino e remete à união da Biblioteca Real com a do Infantado. Chegando ao Brasil há dois séculos, a coleção dessa *afortunada cidade livresca* alojou-se primeiramente no convento dos carmelitas, onde cresceu de modo significativo, atingindo um alto "grau de esplendor e grandeza", como vemos nas cartas de Luís Marrocos. E a tal ponto que Frei Camilo de Montserrat, no *Memorial* dirigido ao Imperador, pede a mudança da sede:

> Os bastimentos do antigo hospital dos carmelitas não são nem vastos, nem claros, nem salubres para oferecer uma situação de segurança para as coleções. Pode-se dizer que até o presente, malgrado a importância e o valor dos objetos da Biblioteca, a frequentação do público é limitada e um só pequeno número de cidadãos aproveita dele.

E a mudança ocorre pouco depois, passando a Biblioteca, em meados do século, para o prédio da Lapa, onde hoje se encontra a Escola Nacional de Música. Sob a presidência de Ramiz Galvão, foi realizada a célebre exposição da História do Brasil. O catálogo representa um manancial de fontes primárias e secundárias de alto valor, uma síntese continental de nosso passado.

A transferência para a Avenida Central, ocorrida em 1910, reitera não apenas o estado itinerante da Casa, mas a primeira construção pensada a partir de seu acervo, segundo o belíssimo projeto de Sousa Aguiar. Para o então presidente da Biblioteca, Manuel Cícero, tal desafio significa "o prólogo de uma obra colossal, uma fulgurante realidade, a instalação num edifício vasto, incombustível, apropriado".

Século XX adentro, a Nacional multiplicou seu raio de ação com a Biblioteca Euclides da Cunha, a Casa da Leitura/ Proler, a Biblioteca Demonstrativa de Brasília e a Hemeroteca do Brasil. Sua viagem não cessou. Tornou-se maior com seu arquiprojeto digital. Nomadismo que move essa Casa e revela sua vocação ecumênica, diante das novas práticas de leitura.

Em sua dimensão oceânica, a Biblioteca abriga coleções de tempos e quadrantes diversos, como, entre outras, as do Conde da Barca, José Olympio, Diogo Machado, Melo Morais, Alexandre Ferreira e Teresa Cristina, a cuja amplitude corresponde uma oceanografia bem demarcada desde regiões abissais, promovendo o esquema topográfico das estantes, armários e arcazes, que formam a superfície do palácio da memória. De suas entranhas emergem livros, estampas, rótulos, mapas, violinos, fotos, partituras e espadas.

Uma espécie de universo inflacionário, em franca expansão, com a mesma velocidade de fuga entre as galáxias. Todo livro é uma galáxia atraída pelos olhos do leitor.

"Por mais que os leitores se apropriem de um livro", afirma Alberto Manguel, "livro e leitor perfazem uma só coisa. O mundo, que é um livro, é devorado por um leitor, que é uma letra no texto do mundo; cria-se, portanto, uma metáfora circular para a infinitude da leitura".

A Biblioteca evoca uma grande máquina do tempo, voraz, infinita e circular, quando nos deparamos, por exemplo, com as notícias das "Diretas Já" e com o samba *Vai passar*, de Chico Buarque e Francis Hime; quando nos abeiramos das cartas de Bandeira e Drummond, atravessados de emoção; ou quando, finalmente, contemplamos as formas insuperáveis de Piranesi e Guido Reni. E, acima de tudo, a palavra de Deus, no frontispício da *Bíblia hebraica*, ou do *Alcorão sagrado*, o bramido do elefante, em Buffon, os poderes mágicos na *Aurora química*, a pólvora da Guerra do Paraguai, as balas de Canudos, as inscrições das mastabas egípcias e as serigrafias de Niemeyer para Brasília, a que se junta o sonho imponderável que Joaquim Nabuco partilhou com Machado de Assis.

O brilho intenso da Biblioteca decorre de seu precioso patrimônio imaterial.

Seria preciso delinear uma fenomenologia da leitura, com seus planos sem fim, endereços flutuantes e sonhos esquecidos para atingir talvez uma só palavra do Livro do Mundo, que no Paraíso de Dante significa a própria imagem do Infinito.

A Biblioteca e o Paraíso se confundem ao reunir as páginas de tantos livros que se perdem no seio da História. Contra o esquecimento, uma poética da compaginação: dos livros passados, presentes e futuros.

E como adivinhá-los nos próximos cem anos — em paralelo com a metamorfose do leitor —, como dispensar-lhes uma reserva de espaço, com a necessária aeração do mundo físico e eletrônico, dos volumes e dos chips, que ainda não foram criados, nos armazéns da Biblioteca?

Advogamos uma inscrição infinita, onde o leitor alcance uma espécie de não lugar. Para Blanchot, "escrever é encontrar esse ponto. Ninguém escreve se não produzir a linguagem apropriada para manter ou suscitar contato com esse ponto". Eis a defesa do Infinito. O leitor escreve o livro futuro e promove o contato com esse não lugar. Ler é uma forma de participar daquela densa camada de futuro.

Do mundo dos livros ao Livro do Mundo. A defesa do Infinito virá de uma rede cada vez mais integrada de salas de leitura, físicas e virtuais, dentro e além da escola, onde o letramento e a cidadania coincidam de modo inequívoco, assumindo o mesmo espaço de diálogo, sem solução de continuidade, das pinturas rupestres na serra da Capivara aos grafites da grande São Paulo, da tradição oral das aldeias indígenas às livrarias das prisões e hospitais. Porque "os homens, da mesma forma que o mundo", diz Ernst Bloch, "carregam dentro de si uma quantidade suficiente de futuro". Devemos partir dessa irresistível saudade das coisas não acontecidas.

Não há escolha, destino ou vocação republicana mais imperiosa que o futuro.

A Biblioteca Nacional há de mediar esse processo, integrando as páginas dispersas entre o passado e o futuro. Como quem promove o diálogo fraterno e democrático de uma cidadania consistente, porque centrada na inscrição infinita do leitor.

Futuro do passado

Uma bela notícia do Senado Federal. Três, das quatro comissões que trabalham no projeto de lei PLC 41/10, aprovaram as normas de acesso geral à informação, desde os *procedimentos a serem observados pelos órgãos públicos sobre* o acesso à informação ao conteúdo propriamente dito, de acordo com o grau e o prazo de sigilo.

O plenário da Casa deverá extirpar em breve uma nefasta zona de silêncio, além de um conjunto de leis, dúbias e precárias, que adiaram, da Constituição de 1988 até hoje, uma legítima demanda de transparência, a que aspiram as sociedades democráticas.

Há duas formas de se classificar, grosso modo, a espessura do silêncio. Uma delas reside no silêncio da consonância — que firma um acordo entre as partes, de janelas abertas e ensolaradas para a alteridade. Já no silêncio dissonante, perde-se aquele timbre aderente e solidário. Resta apenas uma paisagem estéril, pouco luminosa, um deserto de mágoa e ressentimento, por onde se apaga o rosto da Diferença.

Não desejamos essa forma de silêncio, através de uma atitude assimétrica, que projeta um cone de sombra, dissolvendo nas trevas o espaço da informação e da subjetividade.

O direito à informação é a cláusula pétrea do edifício republicano, assim como também é sagrado o desenho de uma memória mista e coletiva, de que fazemos parte, contra as forças de um silêncio dissonante e intransitivo, com sua ferida permanentemente aberta.

O projeto de lei que tramita no Senado prevê uma "comissão mista de reavaliação de informações", designada pela Presidência da República, que atribuirá três graus de sigilo à massa documental do Poder Público.

O grau ultrassecreto protegerá o documento por 25 anos, prorrogável uma só vez, e por mais 25. Eis aqui o golpe de misericórdia dos gestores da dissonância: aos recursos protelatórios já não responderá um futuro de longa e imprecisa duração. Eis o crepúsculo de uma espera irrevogável.

Os documentos secretos, por sua vez, terão prazo de 15 anos de sigilo, ao passo que os reservados, não mais que cinco. Cada órgão publicará na internet a classificação das partes de seu respectivo acervo. Os agentes públicos ou militares que incorrerem porventura em atitudes ilícitas, tais como alterar ou desfigurar informações, agir com dolo ou má-fé na análise das solicitações, poderão ser processados por improbidade administrativa.

Os inimigos do acervo, impelidos por um "furor higiênico e ascético" em destruir pastas e dossiês considerados incômodos ou perigosos, estão com os dias contados. Senão todos, boa parte dos que não guardam relações amistosas com o Estado de Direito.

A sociedade brasileira está madura para repelir tutelas e salvaguardas que limitem o tesouro da memória republicana. Uma vez sancionada e homologada a lei, os desafios devem migrar para outras páginas do livro que mal começamos a escrever sobre os direitos humanos. Livro de autoria coletiva, escrito com a tinta da inclusão e do diálogo, amplamente polifônico, sensível e aberto. Livro que evolua das margens para o centro, da nota de pé de página para a mancha do texto. Livro esboçado a partir de um sumário apto a desenhar o que Paul Valéry chamava de futuro do passado (*l'avenir du passé*). A expressão de um tempo aparentemente antagônico reitera um fio compreensivo que aponta para uma delicada passagem entre os tempos. Uma forma de diálogo ou de transição entre camadas de passado e de futuro.

Não é possível enterrar o passado como quem se livra de um fardo, de uma fonte de miragens e dissabores, para abraçar uma espécie de futuro desfibrado e sem músculos. Não queremos um devir neutro e sem raízes. Trabalhamos pelo futuro do passado. Assim, desse tempo moral e verbal que nos cabe, virá a tênue esperança de partilhar com a cidadania os direitos sagrados e inadiáveis da memória.

Lágrimas de Xerxes

A cidade do Rio de Janeiro vive um período de grandes mudanças. Promissoras algumas, incertas e polêmicas outras muitas, motivadas por gestos de resgate sociocultural, segundo um novo desenho de deslocamento e ocupação do espaço urbano, além dos benefícios dos eventos esportivos a que a cidade se prepara. Um símbolo da mudança é o Maracanã, tantas vezes reformado nesses últimos anos. Mas há outro símbolo igualmente fascinante, talvez menos ruidoso, menos atrativo em retorno de investimentos, embora com repercussões culturais profundíssimas, que vibram há dois séculos. Naquele espaço podemos tomar café com o doutor Euclides, aprender a arte sutil do senhor Machado, indagar de Zé Lins a paixão dos livros e do futebol, examinar emocionados incunábulos e bíblias antigas.

O leitor terá percebido, desde o início, que se trata da Biblioteca Nacional, uma das dez maiores do mundo, pela exuberante riqueza de seu acervo, trabalho coletivo de muitas gerações apaixonadas pela defesa do infinito e pela guarda da memória. E, no entanto, desde a construção da belíssima sede, em 1910, o universo inflacionário não cessou de crescer. E a veneranda senhora da avenida Rio Branco perdeu agilidade e sofre os achaques da idade. Não há espaço. Os livros sofrem, apesar das soluções provisórias de seus profissionais abnegados, que beiram o impossível. Falo como leitor, carioca e brasileiro. Um novo Maracanã, pronto, será excelente para o país. Mas como não se cogitou ainda sobre uma nova Biblioteca Nacional? Vejam as da Europa como cresceram, modernas, com projetos arrojados, assim como a de Alexandria, voltadas para o futuro, para uma fome que não deve e não pode se limitar pelo imperativo absurdo da falta de espaço.

Não parece conveniente transferir a Biblioteca para algum prédio vasto e bem situado que, construído para fim diverso, não reúna as condições necessárias ao fim todo especial a que teria de ser destinado. Só a construção de um edifício apropriado poderá proporcionar a instalação que ela reclama com todo o direito.

Autorizado como se acha o governo federal não só a comprar, mas também a construir edifícios públicos para oferecer conveniente instalação aos estabelecimentos públicos, não deve esta ocasião ser desprezada de se resolver a construção do edifício da Biblioteca Nacional.

Devo dizer que os dois últimos parágrafos não são meus. Foram escritos em 1900, por Manoel Peregrino, seu diretor àquela altura, quando a Biblioteca funcionava no Passeio. E, no entanto, parece que foi escrito agora, com urgência e coragem.

Diz-se que Xerxes, ao passar em revista suas tropas, cheias de um notável esplendor, começou a chorar, pensando que, passados cem anos, nenhum deles estaria vivo. Nosso caso é outro. Se não vivermos até 2112, os livros, sim, deverão viver, assim como nossos sonhos. Para que os póstumos não chorem o vazio que legamos ao futuro.

Políticas da memória

A notícia do fim da Enciclopédia Britânica, em formato real, foi recebida pela imprensa com um misto de triunfalismo e saudade. Se, para muitos, o oráculo de Delfos da Wikipédia levou Apolo e Atenas para a fila dos deuses desempregados, para outros teve início a cerimônia de adeus. Ao representante de vendas, de pasta volumosa, rosto redondo e discreto par de bigodes, a peregrinar de porta em porta, sapatos pretos, solas irregulares. Mais que um mascate, o vendedor de enciclopédias era o profeta de uma luminosa Bibliópolis. Adeus, Britânica. Ou, como diria o último Machado de Assis: papel, meu querido papel, adeus.

Mas não há surpresa na mutação do bibliantropo real para o virtual, processo que se desenvolve, a olhos vistos, a partir dos anos noventa, do qual nos beneficiamos com a performance de outros modos de leitura e acesso. Não é bom insistir na contradição dos suportes como se, duplicados, fossem inimigos ferozes, com claro prejuízo do acervo físico, acusado de sofrer uma fome pantagruélica de espaço. E com o agravante de que os antigos formatos atraem uma danosa plêiade de insetos, em condições de alta umidade e calor. As traças e cupins brasileiros são imensamente eruditos, poliglotas, doutores em filosofia e teologia, do Renascimento ao pós-moderno. Intérpretes de gosto ecumênico, dotados de formidável poder de penetração. Aprendem tudo com uma única leitura, não podendo haver outra, depois de lauto banquete bibliofágico.

Apesar do avanço das ciências da informação, não foram debelados os riscos de amnésia ou perda da memória digital, desde a obsolescência das tecnologias à incessante migração das linguagens. Os cuidados contra a antiga epidemia do papel resolvem-se hoje com a profilaxia contra os vírus da rede e dos hackers, de acordo com o grau de investimento em segurança digital.

Além das ações legítimas de cidadania, a gestão das bibliotecas públicas — médias, grandes ou pequenas — inscreve-se nas formas de inclusão real e digital, na preservação e guarda dos suportes, no cuidado de criar janelas ou interfaces, circuitos e corredores, por onde passa a expressão do pensamento. Do contrário, pode-se ampliar a orfandade do acervo real, como a que ocorreu no Brasil colônia, com a velha biblioteca do colégio, no morro do Castelo, logo após a expulsão dos jesuítas. Boa parte da qual foi saqueada, vendida e o que sobrou foi "espedaçado do bicho".

A umidade e o descaso resultam no sono perigoso dos livros e no progresso das larvas. Gonçalves Dias, em viagem ao norte do Império, consultou diversas bibliotecas, folheando livros, que "pareciam estranhar e queixar-se da mão que os importunava no descanso morto em que jaziam". Quando os livros dormem, o bibliotecário se debate em pesadelos.

Como se sabe, o aporte de recursos públicos sempre foi escasso frente às necessidades urgentes de preservação. Uma guerra quase perdida, apesar de vitórias incontestes, como as iniciativas do Plano Nacional de Recuperação de Obras Raras, o Planor, ligado ao Ministério da Cultura, juntamente com ações de resgate no Arquivo ou na Biblioteca Nacional, de cujas entranhas renascem livros fundamentais. Se não surgem exatamente das cinzas, como a fênix, os livros são restituídos, com paciência e tenacidade beneditinas, de uma quase atomização.

Tais atitudes exigem atenção redobrada. Creio que, assim como existem diversas modalidades de planos de aceleração do crescimento, como o das cidades históricas, não seria mau um PAC da recuperação das obras raras no Brasil, com ênfase na formação maciça de profissionais e na decorrente multiplicação de laboratórios.

Falta ao Estado o adensamento do debate sobre as políticas da memória. Não se pode legar ao futuro uma biblioteca de Alexandria, feita das ruínas dos títulos e da lógica dos catálogos, sem o rosto de uma leitura soberana e infinita.

Crônicas de Euclides

A obra de Euclides da Cunha é fruto de múltiplas camadas, que se alternam e se deslocam, centradas numa intensa dinâmica, disposta a criar uma atmosfera ambivalente em que a ideia de gênero literário permanece bastante mitigada, senão de todo comprometida. A crítica não teve dificuldade em reconhecer, por exemplo, o primado da poesia em *Os sertões*, no estouro da boiada, na paisagem circundante, nas metáforas vigorosas para descrever o Brasil profundo, cujo processo Euclides elaborou mediante um sem-número de analogias para o homem e a terra. Some-se a isso a presença do ensaio, na Guerra de Canudos, o exame analítico do meio ambiente, dos povos e da História, segundo a ciência do tempo tornada maleável, aberta, movida por uma dicção emocionada. Foi o que fez, por exemplo, no ensaio que dedicou a Castro Alves, comparando o infinito da matemática ao da poesia, de cujas páginas extraímos aquele sentimento-ideia a que acabamos de aludir.

Tudo que surge desse universo parece encarnar uma razão impura, mista ou ambígua, varada por um admirável rigor, a ponto de potencializar o contraste dos gêneros, sob a centelha de contrastes arrebatadores. Essa contínua mudança de registros é uma das marcas de nosso autor, mas de tal modo estranha e harmoniosa como se formasse um amálgama, diante do qual a tentativa de classificar as formas literárias, separando-as, não passaria de frívolo exercício de vivissecção. Sem resultados outros, que não os de um cartesianismo flébil, em que se põe a perder a sinergia da obra.

Podemos dizer o mesmo das crônicas. A intensa atividade jornalística marcou parte de seu *modus explicandi*. E produziu um bom número de peças, literariamente bífidas, em que a razão impura de todo se desvela e atinge aspectos de ordem política e econômica, escritos de viagem, anotações diversas, que raiam o poético, mas sempre de maneira furtiva, no ritmo que impõe ao fraseado, nos cortes luminosos e na dissonância das entrelinhas.

Boa parte das crônicas tem o Brasil como centro e destino, paixão e refúgio, a partir de uma instância reflexiva, que busca acercar-se quanto possível do país, com interpretações que parecem atingi-lo em cheio.

Observar este Euclides menos frequentado é a tentativa de recuperar-lhe a instância polifônica, mais integrada ao sistema de sua alta biodiversidade.

Da parte da crítica, houve uma certa disposição, algo persistente, que tendia a interpretar *Os sertões* como um conjunto exclusivo, evitando-lhe os subconjuntos, considerados imperfeitos, ou, quando muito, subsidiários, satélites de uma prosa singular.

Intérpretes contemporâneos vêm realizando uma espécie de leitura transversal de Euclides, suprimindo-lhe os abismos com que eram vistos e separados os seus textos. Tal aproximação propõe situações novas, quando não exuberantes, em que se inaugura uma terceira via, não exclusivamente apoiada na escolha hamletiana entre *Os sertões* ou *À margem da história*.

Seria longo e desnecessário apontar a gênese desse processo, de que ressaltam os trabalhos recentes de Walnice Galvão, Bernucci, Hardman, Zilly, bem como a aproximação criativa de Haroldo de Campos com a poesia euclidiana, fora do território canônico usual, a partir da pulsação de sua prosa.

Ao elaborar uma antologia euclidiana, decidi-me por uma visão oblíqua das crônicas, começando desde um parâmetro formal bem definido para seguir outras partes de sua obra, na intenção de fragmentá-las e de sublinhar parte de seu movimento originário, apontando para o fluxo daquelas mesmas crônicas, para além do gênero. Seria como demonstrar como tal modalidade permeia toda a sua reflexão, motivada pelo aqui e agora, pelo presente difuso, a partir do qual a História e a Geografia — mas não apenas estas — se encarregam, como baixo-contínuo, de preencher os espaços abertos do *staccato* das camadas, que atravessam a pauta do presente.

Assim, quem busca a poesia de Euclides poderá partir de seus versos, mas deverá alcançá-la em plenitude na prosa. A poesia viceja ao longo de inúmeros fragmentos dos ensaios e de *Os sertões*. Euclides pensa o presente, vive o presente, mistura-se com o presente, porque sabe que dentro dele nos movemos, agimos e estamos.

Não sendo bastante explicar o presente em si mesmo — o que significa para nosso autor uma abominável tautologia —, Euclides elabora novas chaves temporais, novos recortes geográficos, para voltar, mais uma vez, ao presente, do qual não podia se afastar um milímetro sequer, tão vivo e dramático, tão profundo e lancinante se lhe revela.

A crônica euclidiana surge dessa demanda vibrátil e irresignada, no caminho do ensaio e da poesia, da qual se espraia uma incessante releitura do Brasil.

Rio de Janeiro 450 anos:
uma história do futuro

São Sebastião do Rio de Janeiro é uma das cidades mais inquietas e inabordáveis do mundo. Basta nomeá-la para que prontamente se dissolva e fuja por entre os dedos. Não é como tantas cidades, que vestem folgadamente o corpo de sua inteira jurisdição. A geografia carioca desconhece limites. Não há tecido que possa cobrir sua nudez. Trata-se menos de uma cidade do que um manancial de metáforas, uma coincidência de opostos. O Rio é uma enorme federação de desejos, atraída pelo futuro, e a ele devotada, sem nenhum sinal de resistência.

Adicta do futuro, em vista do qual não mede esforços para apressá-lo, é ao mesmo tempo saudosa de um passado incerto, de que se percebe exilada, ou amnésica, pelo tanto que apagou com seu apetite demolidor. Uma Roma em guerra com a barbárie da especulação. Machado de Assis resume a vertigem de que sofrem os cariocas: "Mudaram-me a cidade ou mudaram-me para outra."

Mas a cidade é tatuada na pele do presente, antes de assumir o passado que perdeu e o futuro entressonhado. Porque o Rio vive, uma vez mais, um novo redesenho, desde os anos 1990. Ampliou seus tentáculos, e promove, dentro de sua identidade polifônica, todas as vozes e os centros que a constituem, da Cidade de Deus, de Paulo Lins, aos subúrbios de Lima Barreto, cuja "falta de percepção do desenho das ruas põe no programa um sabor de confusão democrática, de solidariedade perfeita entre as gentes que as habitavam". Uma pós-metrópole, em franca expansão, que se espera mais solidária e democrática, com grandes desafios para os quais se mobilizam novos atores urbanos, formando um arquipélago de identidade e resiliência, da Mangueira ao Alemão, do Santa Marta à Rocinha.

Uma cidade ferida de contradições, que não perde a força lúdica, ao dançar a vida, cantando, ao mesmo tempo, a cidade possível e desejada. Podemos atingir a cidade que virá numa perspectiva coral: nas letras de Vinicius e Cartola; no sonho de liberdade das prisões; no desenho das crianças, em que não falta sol; na procissão de São Jorge, com seu vermelho inconfundível; nos grafites urbanos, que fazem da cidade um livro aberto, anônimo e coletivo; na parada gay; nos rituais de candomblé; nos rostos das mães que perderam brutalmente os próprios filhos; nos projetos que não saíram do papel, como o túnel Rio–Niterói, nos tempos de dom Pedro II.

Não se poderá jamais esgotar as possibilidades de conjugação de tempos e modos de uma cidade curinga, como a nossa, filha de metamorfose plurissecular, que cresce nas alturas para sequestrar horizontes e que se alonga, por toda parte, com artérias novas e meios velozes, no convívio das ruas antigas e atuais, que se complementam.

Para Pedro Nava, "flanar nas ruas do Rio exige amor e conhecimento. Não apenas o conhecimento local e o das conexões urbanas. É preciso um gênero de erudição". Um conhecimento fundado em níveis diversos, como quem lê um palimpsesto, através das camadas do tempo, sobreposições e *pentimenti*, como a presença quase corporal, viva, mítica do morro do Castelo, embora inatingível, perdido na memória afetiva da cidade, com a igreja de São Pedro dos Clérigos, o Convento da Ajuda e o Palácio Monroe.

A leitura do palimpsesto tornou-se candente nos dias que correm com a demolição da Perimetral, o projeto da zona portuária e os trilhos para os veículos leves, que devolveram, por exemplo, a visibilidade do Valongo e de São Francisco da Prainha.

Esse diálogo de sobreposição traduz a passagem da metrópole à pós-metrópole, como interpreta Vittorio Gregotti: "A ideia de cidade, território e natureza, que representaram por milênios elementos dialéticos estreitamente relacionados entre si, mostra-se hoje como narrativa histórica incompleta e aponta para uma vasta diversidade de casos."

A incompletude no Rio passa também pela necessária redemocratização da cidade, com projetos que promovam maior justiça na ocupação do solo urbano, sensíveis ao movimento dos sem-teto, criando um transporte coletivo mais integrado e sob controle da sociedade.

O Rio de Janeiro vive uma era de desafios, que esperam o mapeamento cognitivo proposto por Edward Soja, para se alcançar uma clara consciência política do espaço. Só assim o Rio poderá se transformar numa das maiores cidades do hemisfério sul na promoção da paz e da justiça.

endereço desconhecido

*Um cronópio percebe
que seu relógio atrasa.*

Julio Cortázar

Aquiles e a tartaruga

Não saberia de que lado começar a reunião dos pedaços capazes de compor uma pequena parte da antologia que me constitui. Confesso de imediato que me dissipo nas coisas que congrego. Sou mais pródigo que avaro, ou seja, menos inclinado à estrela que às fauces do caos. Se conseguisse inverter a frase (eu me congrego nas coisas que dissipo), poderia elaborar sem hesitação um resumo do que sou, para me defender um dia no tribunal de Osíris.

Seja como for: tenho um metro e setenta e cinco e não alcanço de todo o abismo do presente. Pouco menos de oitenta quilos — sem o peso dos sonhos —, uso óculos de grau e pareço com minha mãe. Não sou guarda de museu e tampouco adicto do futuro: eu me reinvento, a dialogar com o ontem e o amanhã, preso no intangível agora, a cuja fonte acorrem sedentos meus lábios. Sou filho do ainda não, amo a soledade e seus primeiros raios: o silêncio e a distância. Procurei desertos de pedra e areia, de onde saí com alguns poemas e uma forte pneumonia.

Amo as formas breves, mas não desprezo a lógica do excesso. Guardo o rebanho dos livros, que alcanço nos idiomas dos quatro continentes. Hoje são mais de vinte. Mas, se não falo a língua dos lobos, aprendo alguma coisa nos latidos de minha idosa pastora, Carina. Já a linguagem dos pássaros, percebem-na apenas Attar e Francisco de Assis. Sonho com a Torre de Babel e suas escadas intermináveis. Subo e desço aqueles degraus com assombro e destemor. Até meus vinte anos, eu era imbatível nos cem metros rasos. Hoje detesto correr e sofro o assédio de vinte mil volumes da biblioteca. Caminho e pratico exercícios físicos, raramente sintáticos, sobretudo semânticos. Comecei a estudar o devanágari e o tupi antigo, porque amo o estado transitivo, a ponte "que vai de mim para o Outro".

Fui aos campos de Sabra e Shatila, de olhos marejados pela dor, tal como nas prisões visitadas do Rio de Janeiro. Temos um pacto: não pergunto aos detentos o que fizeram, nem eles procuram saber o que fiz. Subi a Juazeiro do Norte com os romeiros do padre Cícero e desci a Canudos de Antônio Conselheiro, submersa nas águas do remorso.

Moro em Niterói. Ou talvez não: Niterói mora em mim, cidade que conjugo na primeira pessoa, espinha dorsal de uma infância permanente. Seu nome pode significar água escondida — em cujo líquido seio proponho uma pequena distância diante do mundo (não de meus conflitos). Moro entre Icaraí e Itacoatiara. Habito nomes indígenas e as obras bárbaras de Dante, Nietzsche e João da Cruz.

Nasci bilíngue e traduzo poesia desde a adolescência. Amo a fé religiosa do povo e ando inquieto com o desaparecimento de Paolo dall'Oglio, ao tentar, ardido e solitário, a paz na Síria. Nutri a esperança de que voltaria: penso nas crianças de Damasco e na mesquita de Al-Walid.

Viajo pelo mundo. O meu erário é farto de nomes e rostos. Não gosto de atrasos e aparo as arestas de meu furor com as árias de Bellini e as sonatas de Scarlatti. Meu oxigênio é a música — estudei piano e canto e mais que *nulla dies sine linea* estou para *nulla dies sine musica*. Estudei Mozart e Debussy, assim como os olhos de minha mãe, que me levaram ao piano, olhos castanho-claros, quando eu ainda não duvidava da língua dos homens e do silêncio de Deus. Sei de cor algumas linhas de Machado e os olhos de ressaca de Capitu. Nasci em Copacabana, ao passo que Escobar desnasceu em Botafogo.

Se tirassem o mar de minha vida, não saberia realizar a história a que pertenço. O sal começou a queimar os meus lábios desde jovem. Tenho a pressão controlada. Amo Camões pelo vigor sensual de suas oitavas, nas quais não faltam aromas e uma farta salinidade. Por isso, bebo com cuidado o licor da Ilha dos Amores, com o iodo de sua alta poesia. Tudo que sei veio dos livros e do mar: potências inacabadas, ondas e páginas. O mar e a biblioteca constituem uma superfície viva, feroz e incerta, cobrindo furnas e abismos. Sofro as ressacas e os tufões da história trágico-marítima, e combato o vulcão negro, apontado por Duarte Pacheco no *Esmeraldo*. Cheguei a oitenta mil volumes. Hoje: um cardume disperso.

174

Eis a feroz desmedida dessas águas.

Fui matriculado na escola dos ventos, num pélago de tempestades, com ondas atrevidas, longe de um mar exangue, varrido por uma exaustão milenar. Aos três anos de idade, quase me afogo na praia, mas não largo um só instante meus brinquedos. Hoje cruzo a Baía de Guanabara e vejo os fortes portugueses e as igrejas, que tanto me fascinam. Acendo o meu toscano, quando sintonizo as rádios Jorge de Lima e Fernando Pessoa. Sou amigo do padre Vieira e protejo, na medida de minhas forças, as armas de Portugal contra as de Holanda. Fui hóspede no Palácio da Fronteira, bolsista do Instituto Camões, e com Fernando Mascarenhas bebemos à saúde de nosso amigo Cesário Verde.

Chama-se Constança minha mulher. E reconheço à perfeição o adágio segundo o qual os nomes provêm das coisas. Minha mãe foi revestida com o delicado apelido de Elena, como as meninas de seu tempo, ao passo que meu pai se chamou Egidio. No dia dos santos Cosme e Damião eu me deliciava com os saquinhos de cocada, mariola e maria-mole.

E o branco dos lençóis quarando no varal era como navios que faziam aguada na terra de meus verdes anos. *Birbante*!, gritava minha avó, a bordo de um navio-lençol, atrás do neto-corsário que puxava as roupas do varal. *Birbante*!, que eu entendia como sendo *barbante*, preso nos laços do amor, expondo meu peito a sobressaltos, em guerras de alecrim e manjerona.

Mas houve outra guerra, a Segunda, bem mais devastadora. A casa de meus avós hospedou o alto-comando da FEB, a Força Expedicionária Brasileira. Foi quando libertaram a cidade de Massarosa do exército alemão. Gostaria de escrever um dia essas histórias. Só então poderei dizer que volto a um passado que corre nas minhas veias e distribui meu quinhão de esperança e melancolia. Volto como quem sabe que a partida parece um apelo de fogo e carne exposta, agulhas e mortes, que atravessam o fígado e a alma, havendo ambos em mim. Volto como quem volta de um infinito abandono, como quem espera uma acolhida de braços abertos e os raios do perdão ao filho pródigo do futuro. Volto como quem volta, em mil pedaços, devorado por feras, que me dissipam justo quando me congrego, sob a luz do caos e da estrela.

Todos os meus vêm da Toscana e me tornei o primeiro brasileiro. Meus pais e minha avó materna, Quintilia, foram acolhidos na Terra de Santa Cruz, e hoje descansam poucos metros abaixo deste solo, mátria amada, Brasil.

Dos onze aos dezessete anos estudei no Salesianos de Santa Rosa. Lembro-me de padre Marcelo Martiniano, movendo os onze mil tubos do órgão na fuga de Bach, como se a igreja fosse um imenso navio, lutando para não ser devorado pelas sonoridades abissais. Sofri nas garras da matemática, que então me parecia um tigre feroz. Vencido o medo, hoje dou aulas sobre poesia e matemática. Uso um telescópio de 200 mm × 1000mm para atingir a nebulosa da Lagoa, a Trífida e a M 55. Comecei a escrever romances nos últimos três anos, desde que deixei a Biblioteca Nacional, motivado pelos motores ficcionais da história. Sou professor de literatura comparada na Universidade Federal do Rio de Janeiro e gostaria de pedalar quilômetros a fio, num horizonte inacabado, como um Giorgio de Chirico, embora eu não tenha bicicleta. Canso-me de dirigir no trânsito do Rio e meu time de futebol é o Flamengo. Sem exageros. Não vou ao Maracanã desde os anos 1990.

Quando era menino via o futuro pouco atrás de mim, com passos curtos e tímidos, como a tartaruga de Aquiles. Hoje sou eu que já não posso alcançá-lo. A tartaruga me ultrapassou e continuo a resistir contra o pensamento único, as guerras de religião e os males do Império. E, se o futuro não termina, minha autobiografia segue necessariamente incompleta.

O *Isis und Osiris*, piedade!

notas

CARTEIRO IMATERIAL

A arquitetura geral deste livro foi esboçada na Residencia de Estudiantes de Madrid, de 6 a 8 de outubro de 2014.

Caro Cheikh Hamidou Kane

Seminário do primeiro curso para diplomatas africanos. Rio de Janeiro: Fundação Alexandre Gusmão, 2010.

Dos aspectos de fundo que norteiam a carta a Hamidou, trago a entrevista que Claudio Magris me concedeu, ainda nos anos de 1990, debaixo de outro céu, em torno de seu livro *Utopia e desencanto*. Publicada na revista *Tempo brasileiro*, 2011, n. 186.

Lucchesi: De seu livro *Utopia e desencanto* emerge a suposta oposição entre dois sentimentos, que dão título ao seu trabalho e se mostram coadjuvantes no breve, senão brevíssimo, século XX, de que fala Hobsbawm. Penso na dimensão de utopia e no desencanto em Marx, Nietzsche e Dostoiévski. Estamos livres destes fantasmas, como pretende o pensamento único?

Magris: Não, não creio que Nietzsche, Dostoiévski, Marx ou outros grandes sejam fantasmas ou que tenham sido superados. Esse é um dos erros mais flagrantes, e mesmo indecentes, uma falsificação do assim chamado pensamento único, dessa visão de mundo que hoje prevalece (algo que, em si, não seria estranho, já que nas alternâncias da História ou, como diziam os barrocos, na "roda da fortuna" chega para quase todos — tanto os melhores quanto os piores — o momento de um breve triunfo), e pretende ser a última, definitiva, imutável e eterna "atitude de mundo" e, portanto, única e definitiva visão de mundo.

Assim como era ridículo, em 1929 ou mesmo nos anos 1970, acreditar que o capitalismo estivesse agonizando, é igualmente ridículo acreditar que ele (e toda a filosofia que lhe é implícita) seja a definitiva "condição para o mundo". Esses autores, mais que nunca, estão vivos e presentes, *in carne et ossa*, e não só porque tudo o que tem valor permanece e não é ultrapassado; a lírica Tang ou as sagas vikings não foram "superadas" pela posterior e imensa evolução literária. Mas Nietzsche e Dostoiévski — e, em medida e formas diversas, Marx — são os arautos que fixaram o olhar, com acuidade implacável, nas dobras mais profundas do devir histórico, de um tempo que é ainda o *nosso* tempo. Eles nos ajudam inclusive a entender não só o que ocorreu em sua época ou um pouco depois, mas aquilo que está acontecendo e que acontecerá em breve. Impressiona como, sobretudo Nietzsche e Dostoiévski, analisaram e descreveram uma transformação radical, histórica da humanidade (não só no que se refere à cultura e à sociedade, mas ao próprio indivíduo) que está ocorrendo hoje e da qual fazemos parte. O super-homem de Nietzsche, ou como ele mesmo dizia, o homem do subterrâneo, de Dostoiévski, é aquele novo estágio antropológico, do indivíduo não mais indivíduo, daquela espécie de mutante, novo, plural, capaz de agregar a multiplicidade de que somos formados, em suma, daquele novo homem que se está configurando, no qual estamos nos transformando.

Lucchesi: Parece haver um lado sombrio da dimensão utópica, de modo aparentemente paradoxal, ao passo que o desencanto pode provocar uma intensa vontade transformadora, como vemos em *O idiota* de Dostoiévski ou no *Zaratustra* de Nietzsche.

Magris: Creio ter respondido, em parte, esta pergunta em minha resposta anterior, a propósito da proximidade entre o super-homem e o homem do subterrâneo — dois modos de expressar a intuição da transformação antropológica que tiveram Nietzsche e Dostoiévski. Um indivíduo não mais compacto e unitário, não mais formado (ou aprisionado, a depender do ponto de vista) da couraça, da camisa de força da consciência, de uma identidade precisa (que comporta um preciso sistema de valores sobre o qual se funda), mas flutuante, mutável, provisória. A diferença está no fato de que, para Nietzsche, tratava-se de uma libertação, enquanto para Dostoievski tratava-se de uma doença a ser combatida; para ambos tratava-se, no entanto, de uma verdade histórica, de uma verdade (mesmo se negativa, como para Dostoiévski) da época com a qual era (e é, acrescento) necessário acertar as contas. Quanto à redenção, creio que uma redenção concreta não se possa embasar em sonhos de pôr fim, de uma vez por todas, à História, ao seu devir, às suas contradições (esta utopia, que acreditam já realizada, ou com uma fórmula definitiva, é perigosa, mortal), seja pela simbiose entre utopia e desencanto, pela consciência de que nunca chegaremos à Terra Prometida, ou de que jamais teremos uma redenção definitiva, que encontraremos contínuas derrotas, às vezes daremos até uns passos atrás, mas com a tenaz vontade de prosseguir, apesar de tudo, no caminho à Terra Prometida, em direção a um mundo melhor, e teremos mais força, ficaremos mais maduros e não devastados pelo desencanto. Por outro lado, não há nenhuma salvação possível, mesmo que pequena, limitada e provisória, que é a única que podemos ter. Quem acredita que o mundo possa mudar de um dia para o outro, talvez sem esforço, apenas com um sonho nobre, amanhã, quando vir que isso naturalmente não aconteceu, permanecerá vítima de um desapontamento que o levará a um cinismo reativo, poderá tornar-se reacionário e até cuspir sobre os ideais nos quais acreditou cegamente.

Lucchesi: Sergio Quinzio escreveu um livro surpreendente sobre a derrota de Deus e sobre a dolorosa expectativa, adiada por séculos da Redenção. Penso no anjo da história, em Benjamin, e no "Princípio-Esperança" de Bloch...

Magris: Também a mim interessa muito esse livro de Quinzio, porque enfatiza o grande paradoxo cristão de um Deus que se cala diante da fraqueza extrema, da miséria, da fragilidade, às vezes até do que é indigno, da angústia e do medo, do finito, do frágil e, portanto, do homem e da história do homem. Apenas atravessando estas forcas caudinas (o impressionante momento em que Jesus, em Getsêmani, por um instante, oprimido pela angústia, queria retirar-se, queria apagar e anular o projeto de redenção preestabelecido, segundo a fé, pela eternidade e que culminou em sua paixão, morte e ressurreição) tornou possível uma salvação ou ao menos um melhoramento da História real. Um melhoramento que leve em conta toda a pequenez do homem e de cada homem, de toda a fraqueza e de todas as fraquezas, de todas as nossas trevas. E o grande Princípio-Esperança é exatamente isso: o sentido do grão de fermento escondido até mesmo na lama abjeta.

Lucchesi: Gosto de evocar as belas páginas de seu *Danúbio* e aquela ampla visão da História, e de suas correntes, com fluxos e refluxos, aquele desejo de fazer e sofrer a História (como em Vico). Sabemos, no entanto, que o processo não terminou e não pode terminar...

Magris: O processo não terminou e não o pode fazer, e nem mesmo se repete, como alguns — e até grandes — acreditaram. Mas esse é precisamente o sentido do nosso viver e da nossa história e é também o que busquei expressar em *Danúbio*.

Lucchesi: Em minha primeira leitura de seu teatro — e falo de *Stadelmann* — acredito ter visto um salto notável da História para a ficção, e também quanto a metáfora (em sentido profundo) foi o pressuposto deste necessário deslocamento...

Magris: Sim, passar da História à ficção foi muito importante em minha história pessoal. Começou com *Illazioni su una sciabola* e depois continuou com *Stadelmann*, com outros textos mais breves, recentemente com *La mostra*, o texto em que talvez mais me reconheça, de um ponto de vista doloroso e angustiadamente subjetivo. Mas também *Danúbio* e *Microcosmi* são obras de ficção, mesmo se coladas à realidade, justamente por estarem fundadas sobre a metáfora. Eu quase sempre parto da realidade, de coisas que realmente ocorreram e de pessoas que de fato existiram. A vida é original, dizia Svevo; a verdade, dizia Melville, é mais bizarra que a ficção. Há na vida concreta uma criatividade inacreditável (conforme o caso, dramática, cômica, emocionante, terrível e daí por diante) e que é muito mais forte do que podemos imaginar ou inventar. Assim eu apreendi, quase sempre (quando se pensa em *Danúbio* e *Microcosmi*), tantos aspectos da realidade que correspondem a coisas que realmente aconteceram e a personagens que existiram, pois é a montagem fantástica que transforma tudo isso em uma construção poética, "inventada". Como se pegassem tantos trechos de um mosaico, cada um correspondesse a um pedaço do mundo, e se fizesse, com este, uma imagem inventada. É esse "o deslocamento" de que você fala.

Lucchesi: Entre o anjo da história e a estação Finlândia, para onde vamos?

Magris: Não tenho condições de responder a esta pergunta; se eu tivesse, seria um dos maiores gênios de todos os tempos, o que não tenho. Acredito que ninguém possa realmente saber para onde estamos indo; talvez nunca, como hoje, tenha sido tão difícil saber.

Daruish: dialeto ou árabe clássico?

L'Europe et le Legs de l'Occident — XXVI Conferência da Academia da Latinidade. Rio de Janeiro: Universidade Cândido Mendes, 2013. Lida em francês no Institut du Monde Arabe, em Paris, 26 a 28 de janeiro de 2013.

Direitos linguísticos

Publicado nos anais da XXVII Conferência da Academia da Latinidade: *Post-Regionalism in the Global Age — Multiculturalism and cultural circulation in Asia and Latin America*. Lida em inglês na Universidade da Malásia, Kuala Lumpur, 8 a 10 de janeiro de 2014.

Do livro *Globalising the regional, regionalising the global*, organizado por Rick Fawn (New York: Cambridge University Press, 2009): *"The new regionalism reflects and affects a complex interplay of local, regional, and global forces, simultaneously involving states as well as non-state, market, and societal actors." Assessing how regions function and interact is further complicated by acceptance that regions are work in progress, indeed that they are perpetually unfinished projects, and that they are also "porous", interlinking, influencing and being influenced regularly by others actors and regions. Even in the economic realm, trade patterns are now seen to involve "globally diffused networks regions", rather than being tidy, self-continued units, and in contradistinction to the bloc idea prevalent even in the 1990s. This makes their analysis more exciting and more challenging, particularly in terms of security, and some terminology is again beneficial as region, regional community, and regional system may be related but aver nevertheless distinct. That regional communities and regional systems do not necessarily coincide is evident from the fact that an outsider power may be integral to the functioning of the latter and not necessarily share any of its values.*

Do Mediterrâneo viemos: carta ao poeta Ataol Behramoğlu

O Globo. 25 de setembro de 2011.

Soft Islam

Título original: *Novos territórios de diálogo Oriente e Ocidente. Shared values in a world of cultural pluralism.* XVIII Conferência da Academia da Latinidade, Sultanato de Omã, Mascate, 23 a 25 de novembro de 2014. Texto lido em inglês, após introdução em árabe.

Henri Le Saux, ou Swami Abhishiktananda, assumiu toda a profundidade do diálogo, desde *Une messe aux sources du Ganges.* Paris: Éditions du Seuil, 1977, pp. 14-15: "Le mythe hindou l'avait bien vu, qui fit du Gange un fleuve céleste. Shiva, le dieu par excellence des montagens, le reçut, au nom des hommes sur son chef, et sur tout son corps em laissa couler les eaux de grâce. Shiva, c'est l'ascète qui medite dans les ravines et les gorges des Himalayas, creusant plus profondément au-dedans de soi, parvenant auxsources de l'Être, accédant à la Présence."

Quanto à visita a Déli: "Nizamuddin's most meaningful gift to South Asia in his interpretation of Islam as a poetic and sublime experience of life. Countless citizens became interested in Islam during his lifetime as Nizamuddin introduced ideas of love and life through verse and storytelling (...) believed that the purpose of a dervish was first to greet a visitor with salaam, the Arabic word for peace and also used as greeting by Muslims, the serve him food and only later engage him in conversation." In Mehru Jaffer. *The book of Nizamuddin Aulia*. Londres, Nova Déli: Ananda/ Penguin, 2012, pp. 146-148.

Acerca da expressão islâmica radical, Padre Paolo dall'Oglio ampliou o debate numa separata interessante, "Faith, power and violence" in *Muslims and christians in a plural society, past and present*. Roma: Pontificio istituto orientale, 1998.

As citações dos poetas sufis provêm de uma oportuna antologia traduzida da poesia sufi do Paquistão, a cargo da Academia de Letras daquele país: *Los grandes místicos del Pakistán* (tradução para o espanhol de José Martín Arancibia). Islamabad: Academia de Letras do Paquistão, 1995, dela me utilizo ao longo do texto. E lembro de minha constante peregrinação à livraria Bahrisons, na Khan Market, de Nova Déli.

Assisti no mosteiro de Mar Mussa, no deserto da Síria, e na biblioteca franciscana de São Salvador, em Jerusalém, ao encontro de padres, rabinos e imãs para os quais o encontro é portador do mistério da "hospitalidade abrâmica" — segundo Massignon. Hospitalidade que começa em Jerusalém, com os filhos de Abraão. Partilham um Deus único, clemente e misericordioso. Vivem a nostalgia do rosto. Sofrem o drama da espera. Para os cristãos, o Verbo encarnado teve um semblante — que hoje não sabemos e que amanhã há de se revelar. O Mashiah, para os judeus, poderá vir a qualquer momento, antes do fim desta leitura, no espaço das letras, no branco da página. Para os muçulmanos, a dimensão escatológica há de restaurar a promessa de um rosto que permanecerá inabordável. Mais próximo que a veia jugular. Mais distante que o raio de uma estrela. No mistério do rosto, os filhos de Abraão sofrem o drama da espera e a restauração iminente da Justiça.

Tragédia na Síria

Publicado na revista *Nabuco*, n. 3, 2015. As cartas de Paolo, traduzidas do italiano pela professora Karine Simoni, da Faculdade de Letras da UFSC, foram por mim revistas e reunidas no livro *A longa noite síria: uma voz no deserto*. Rio de Janeiro: Editora Dragão, 2015. As mensagens de Paolo enviados até 2010 encontram-se na Fundação Biblioteca Nacional, ao passo que as enviadas a partir de 2011 integram o arquivo da Academia Brasileira de Letras.

No dia 5 de agosto de 2013, ao saber do sequestro de Paolo dall'Ogli, redigi, com o teólogo leigo Faustino Teixeira, uma carta aberta em árabe e português, em favor de sua libertação, numa linguagem teológica, mais próxima da visão dos sequestradores (sobre os quais não havia qualquer informação). Foi publicada na página digital do Instituto Humanitas Unisinos.

> Em nome de Deus, o Clemente, o Misericordioso
> Aos heróis da guerra pela liberdade da Síria
>
> Caros Irmãos,
>
> Acompanhamos do Brasil o testemunho de coragem e grandeza de todos vocês, que sonham e lutam pela liberdade da Síria, com páginas sublimes em prol da libertação de um povo martirizado, por décadas de opressão, dentro da mais alta visão corânica da Justiça e da Misericórdia.
> Acompanhamos com apreensão o desaparecimento do abuna Paolo dall'Oglio, que ama a Síria e o islã, sem meio-termo, com a entrega total de sua própria vida, dentro e fora da Síria. É um cristão singular, um verdadeiro abdal, que junto com outros irmãos e irmãs generosos da terra de Sham, foram escolhidos por Deus para sanar as feridas do mundo mediante o dom de si. Alguém que

faz ver ao Ocidente a suprema beleza do islã, sua altitude e sentido ético. Diz com alegria no coração que se sente um muçulmano de inscrição cristã. Abraçou a Oumma com a integralidade da sua fé, fazendo-a sua companheira mais íntima, sua carne mesma. Toda a sua vida foi dedicada aos trabalhos humanitários e ao diálogo com os amigos muçulmanos. Cita o Alcorão com grande mestria e chora lágrimas de sangue pela liberdade de sua pátria, a Síria, que para ele é expressão viva da ressurreição.

Abraçou seu projeto-esperança com raiva e luz, com lucidez e coragem. E esse projeto transcende as perspectivas de fé, pois envolve a busca da verdade, da hospitalidade, da justiça e da beleza. Seu esforço maior vai no sentido de uma harmonia que preserve as evoluções plurais, na defesa de um caminho de abertura, de horizonte alargado, que permita a doação e a proteção da vida, esse mínimo que é o máximo dom de Deus, o Todo Misericordioso.

Escrevemos a vocês, homens de boa vontade, que ajudem a encontrar o padre Paolo. Todos os que desejamos uma Síria livre e renovada não podemos prescindir de uma figura de tamanha generosidade e relevo, que poderá contribuir para o diálogo profundo na promoção das formas basilares da paz.

Que Deus nos ilumine!

Publiquei alguns artigos sobre o tema, em *O Globo*, de que destaco apenas três:

A longa noite síria (20 de junho de 2012)

As notícias da Síria não podiam ser mais dolorosas. Como se a lógica do pior não tivesse escrúpulos em progredir, alimentada pelo ódio irreversível das facções no auge da guerra civil. Assusta o número de mortos, alguns dos quais com sobrenomes que recordam o das famílias que me abriram suas casas de forma tão generosa naquele país.

O quadro piora com a expulsão do jesuíta Paolo dall'Oglio, o mais destemido e lúcido promotor da paz, homem de grande relevo moral, que fui visitar no deserto, não longe de Nebek, ao norte de Damasco. Paolo viu-se obrigado a deixar o país em que vive há trinta anos, onde fundou a comunidade de Deir Mar Musa, laboratório de encontros impensáveis e diálogos fascinantes, onde as alegadas barreiras de ordem ideológica ou confessional despem-se da opacidade e se revestem de transparência.

Paolo decidiu viver meses a fio próximo das sangrentas batalhas de Homs. Procurou todos os grupos armados, incluindo as forças leais ao governo, o exército sírio livre, a brigada al-Farouq, próxima da Irmandade Muçulmana, além de outros grupos de corte salafita. Paolo chegou inclusive a pôr fim ao sequestro de um homem de quarenta anos. Sua coragem é reconhecida por todos os agentes do conflito, mas a reconstrução da paz não repousa no esforço de um só indivíduo.

O governo de Damasco ficou claramente irritado com a carta aberta de Paolo a Kofi Annan, que merece leitura cuidadosa por parte dos que se empenham no término do conflito. Uma das primeiras necessidades do povo sírio se traduz na presença massiva da Cruz Vermelha e por motivos humanitários. Quanto ao processo de negociação política, exige-se a mudança real e imediata na estrutura de poder, cujo "regime obedece a um grupo obscuro de super-hierarcas".

O argumento deplorável de que os árabes e a democracia são incompatíveis, além de absurdo, atende aos interesses da guerra, às engrenagens de uma razão de estado suicida e devastadora. Dall'Oglio acredita que a Síria poderá ser a médio prazo um ponto de equilíbrio nos conflitos regionais e admite que a maior parte da população não endossa o contexto de uma guerra fria (como a oposição entre Rússia e Estados Unidos levaria a supor), mas defende um espaço multipolar, anti-imperialista, identificando-se como um polo árabe, regido pelos princípios gerais de emancipação e de autodeterminação.

Além disso, seria preciso arregimentar um contingente de trinta mil homens, uma brigada de paz que garanta o respeito ao cessar-fogo e à defesa da população. Paolo dall'Oglio insiste na "criação de comitês de reconciliação locais, protegidos pelos boinas azuis e coordenados em conjunto com as agências especializadas da ONU, com atenção especial aos presos, sequestrados e desaparecidos das diferentes partes em conflito. Será necessário aumentar o mais rápido possível a reinserção dos jovens que foram atraídos para o terrorismo, para as atividades armadas ou para o crime".

A carta de Paolo busca um processo de intervenção voltado para a paz, realidade que deverá ser redesenhada a partir do consenso democrático, não como decorrência de uma imposição marcial ou da vingança do *status quo* do governo sírio. Não podemos combater os ódios represando-os. Uma vez interrompidos, ressurgem com maior brutalidade. Desejamos um Oriente Médio sem represamento de ódios, dissipados num gesto consensual permanente.

Falei por telefone com Paolo dall'Oglio pouco antes de ele chegar à fronteira com o Líbano. Mesmo com o telefone grampeado, disse-me que a Síria jamais deixaria de habitá-lo e que ele não deixaria de lutar pelo seu povo. Disse-me ainda que espera do Brasil uma proximidade mais forte com a Síria, à altura dos laços de amizade que as famílias de imigrantes ajudaram a criar, de forma anônima, sem alarde, sempre a favor do diálogo e da paz. Desse lado da linha, mal consegui conter a emoção.

Desastre na Síria (15 de maio de 2013)

Damasco é uma das mais belas cidades do mundo, que não sei e não posso abandonar. Velha e soberba capital do califado omíada, cujas fronteiras se estendiam do Afeganistão à Península Ibérica. Promotora de um convívio admirável entre culturas e religiões diversas, Damasco era conhecida como "cidade do amor" na alta e refinada tradição da poesia árabe.

Hoje, infelizmente, Damasco assume feições contrárias e monstruosas, cidade vítima do ódio que se espalhou pela Síria, alimentado por um regime que se apoia numa rede espessa e complexa da criminalidade internacional, de que o tráfico de drogas é apenas uma parte, a que responde uma aliança transversal, antes impensável, entre os serviços secretos da Síria e do Irã com grupos sunitas extremistas. Guerra civil aberta ao mundo, num grande tabuleiro, cujas partes envolvidas já não se limitam ao desenho de um país autônomo, mas a um cabo de força de interesses incontornáveis entre a Otan e a Rússia, a Arábia Saudita e o Irã, Israel e Hezbollah.

O encontro da presidente Dilma com seu homólogo egípcio, Mohamed Mursi, ocorrido semana passada, em Brasília, não poderia não tratar desse espetacular genocídio, que completou dois anos, com um saldo aproximativo de setenta mil mortos, até a presente data.

O Brasil é um dos sócios do derramamento de sangue. Não chega à altura dos países citados, da estreita diplomacia dos Estados Unidos e nem tampouco das empresas que abastecem o regime de Assad, como Itália, França, Alemanha, Venezuela, Líbano, Angola e Coreia do Norte.

O Brasil é sócio minoritário no derramamento de sangue pelo que não realizou a favor da paz e do diálogo antes do desastre. Os movimentos de oposição na Síria esperavam muito de nós e da comunidade internacional, quando a geopolítica da primavera árabe não encontrava problemas que repercutissem em escala perigosa além da Líbia, Tunísia e Egito. Sabíamos todos que com a Síria a história não podia ser a mesma. Na época, o Brasil teve duas atitudes curiosas: duríssima com o Paraguai, após o impeachment de Lugo, e tímida e modesta com o regime de Assad. E não se tratava, ainda, àquela altura, de pleitear intervenção armada ou zona de exclusão aérea. Mas de pressão e diálogo, dentro e fora do país, com fortes ligações do Brasil com o Oriente Médio.

As negociações precisam ser retomadas, com todos os protagonistas da guerra, mesmo com forças políticas que apresentem, ao menos, uma interface moderada. Não basta pensar num Fla-Flu patrocinado pelo Brasil. Sejamos sérios. Nossa riqueza consiste em ouvir todas as partes.

Leio com raiva e absurda esperança alguns versos do jovem poeta sírio, Golan Haji: "Os mortos estão sendo enterrados, mas como enterrar o sofrimento? Estou só, como a nossa mãe, só como esta árvore. Um pássaro acaba de morrer. Quebrou-se a casa dos gritos. Um diamante rompe o vidro sujo do mundo."

A cólera e a luz (6 de agosto de 2014)

Meu caro Paolo dall'Oglio, escrevo-lhe esta carta aberta porque não sei de seu destino, após um ano de sequestro nas mãos do Estado Islâmico da Síria e do Levante, que hoje se proclama como um califado de sangue e horror.

As notícias são confusas: ora você aparece vivo, ora morto, ora fuzilado em Raqa, ora supliciado nos porões do regime de Assad, em Damasco.

Um emaranhado de hipóteses, piedosas ou conspiratórias, cria uma nuvem de angústia. Os que desejam realmente a paz no Oriente Médio, sem vitoriosos e perdedores, lamentam sua ausência, pois você tem sido um farol neste mar de sangue e atrocidade, um arauto da paz em meio a crimes de guerra e terrorismo, praticados pelo estado ou a varejo, com apoio mais ou menos direto das grandes potências e com o assistencialismo das Nações Unidas, que parecem bombeiros que chegam tarde para receber sua parte da herança dos mortos, na maior parte velhos, mulheres e crianças.

Paolo, meu caro amigo, sucedem-se limpezas étnicas brutais, a olhos vistos, outras sutis, quase imperceptíveis. Que deus abominável seria capaz de justificar o sangue derramado no Oriente Médio? Leio em seu livro *A cólera e a luz*: "Quando é que a não violência se transforma numa resignação culpável? E quando é que a violência, assumida como legítima defesa, se transforma numa agressão culpável?"

Eu o conheci na comunidade ecumênica de Mar Mussa, no deserto da Síria, no final dos anos 1990. Não esqueço o diálogo fraterno entre cristãos, judeus e muçulmanos, naquela paisagem de pedra e areia. Era o deus da paz e da hospitalidade, jamais o deus da máquina de guerra, do ódio e do extermínio, dos grupos radicais islamitas e da ultradireita de Israel. E você falava, ao cair da noite, sobre a dimensão da esperança na Torá, no Alcorão e no Evangelho. Uma esperança também política. Pois, se defendemos o estado de Israel, é insuportável adiar o estado palestino. Nada justifica a morte de civis em Gaza. É uma afronta ao mundo civilizado. Sinto falta de um Yitzhak Rabin, que não abriria mão da diplomacia em prol de uma guerra absurda.

Sua pátria, querido Paolo, é a Síria. Assisti à sua entrevista para um conhecido canal de televisão do Oriente. Que domínio da língua árabe, Paolo! Língua que você aprendeu em Beirute, nas páginas do Alcorão e nas ruas, o árabe clássico e o da gente simples, tal como estudou o hebraico. Você chegou a dizer que "a comunidade muçulmana não é externa à minha consciência mais íntima, ela é minha carne, o corpo humano a que pertenço, minha comunidade, minha identidade. E a guerra civil na Síria me é insuportável. Preciso fazer algo para interrompê-la".

Meu corajoso amigo, lembro-me com emoção de quando você me disse pelo telefone que a Síria seria conhecida no futuro como terra da ressurreição. Espero a sua volta para logo. Você escreveu uma página soberba no livro da paz. Com a esperança de abraçá-lo, eu me despeço, com a mais viva admiração.

POSTAIS ROMENOS

Mincu: diário de Drácula

Valor Econômico. 16 de março de 2012.

Cioran ou da dissolução

Publicado com o título "Duas doses de Cioran". *O Globo*, Prosa e Verso. 16 de abril de 2014.
Breviário de decomposição, de Cioran. Tradução de José Thomaz Brum. Rio de Janeiro: Rocco, 2011. Original: *Précis de Decomposition* © Éditions Gallimard, 1949.
História e utopia, de Cioran. Tradução de José Thomaz Brum. Rio de Janeiro: Rocco, 2011. Original: *Histoire et Utopie* © Éditions Gallimard, 1960.

A interlíngua de Ghérasim Luca

O Globo. 2 de fevereiro de 2013.
Ciranda da poesia. Ghérasim Luca. Rio de Janeiro: EdUERJ, 2012.

George Bacóvia: agenda de tradução

Publicado na Revista do Instituto de Altos Estudos da USP (São Paulo, 2012, n. 76), modificado posteriormente, como todos os ensaios deste livro. Os poemas originais foram tirados da edição G. Bacovia. *Opere*. Bucureşti: Editura Semne, 2006.

Para Manolescu, *simbolismul urmărea să fie musical, sugestiv, evanescent. Arta poetică a lui Verlaine conţine întreg programul. Muzica lui Bacovia e dizarmonică, sincopată, ţipată la trompetă, histerică. Faţă de violinele lui Verlaine, el pare amuzical; sau procedează prin stenogramă de elemente disparate ca Trakl.* In Manolescu, Nicolae. *Poeţi moderni*. Braşov: Aula, 2003, p. 107.

Dois importantes livros sobre Bacóvia: Grigurcu, Gheorghe. *Bacovia, un antisentimental*. Bucureşti: Editura Albatros, 1974, capítulo primeiro; e Cimpoi, Mihai. *Secolul Bacovia*. Bucureşti: Editura Fundaţiei Culturale Idea Europeană, 2005, p. 57.

Luceafărul/Vésper/ Eminescu

Publicado na revista Tempo Brasileiro, 2010.

Os poemas de Eminescu foram tirados da edição de Petru Creția, em dois volumes, cujo título é *Poezii, proza literară*. Bucareste, Cartea Româneasca, 1978. Todas as traduções vêm do livro *Lumină de Lună/ Luar*, organizado por Luciano Maia. Fortaleza: Expressão Gráfica, 2006.

Diz George Popescu: *Procesul "mitizării" lui Eminescu îşi are originea (şi determinările) în ceea ce am putea numi tradiţia Maiorescu. Intuindu-i şi decretându-i, "prea timpuriu" (în ciuda reproşului bizar ce i s-a adus ulterior criticului de a fi fost prea "reţinut" faţă de receptarea poetului) geniul, Maiorescu a ordonat deja piedestalul viitorului "monument" ("mit"), ce n-a încetat să se edifice cu timpul, în contexte, estetice, dar şi politice şi istorice distincte, de cele mai multe ori favorabile, dar şi în dispreţul oricărei reticenţe; reticenţa n-ar trebui nicidecum înţeleasă ca dubiu vis à vis de valoarea intrinsecă a textului, ci ca sistem de filtre ale lecturii, cu accent pe metamorfozele obligatorii impuse de mobilitatea orizontului de aşteptare al lectorului. Aşa se face că, la intervale relativ mari, preţ de generaţii, textul eminescian a continuat să fie blocat la un palier interpretativ lovit de imobilismul (interpreţilor), ignorând lectura şi lăsând câmp deschis sentinţelor "monumentaliste" tautologice: "luceafăr", "ultimul mare romantic", "geniu nepereche", "apariţie meteorică", ca să nu mai vorbim de rebarbativul limbaj de portanţă "jurnalistică", debordând, fără excepţie, un festivism rapace.* Revista Paradigma, 1999.

Veja-se de Mircea Eliade o belíssimo *Camões e Eminescu*. Macau: Fundação Macau, 1999, pp. 23-24, tradução de Anca Ferro, e ainda o livro de Ion Negoiţescu. *Poezia lui Eminescu*. Bucareste: Editora EPL, 1966, pp. 11-12.

Uma bela síntese de Mihai Zamfir: *Un Eminescu între două secole*. In *România Literară*, 33, p. 13. Sobre a visão de Zamfir, vale citar as palavras de Manolescu: *Sînt semne (între care un superb articol al lui Mihai Zamfir pe care l-am publicat chiar în România literară) că a venit timpul unei mai bune înţelegeri a pluralităţii poeziei eminesciene. Emi-*

nescu al viitorului imediat nu va mai fi un anumit Eminescu, nici acela maiorescian (deşi o revenire la splendoarea formală a antumelor pare a-i atrage pe unii comentatori), nici acela călinescian, împins la limită de Negoiţescu (deşi nu pare să se fi stins de tot focul din măruntaiele marelui romantism eminescian). Va fi, după cît ne este omeneşte cu putinţă a ghici, un Eminescu întreg şi plural, capabil a ne surprinde prin laturi ignorate ale poeziei, nu doar majestuos sau emfatic, dar şi ludic sau bîntuit de jocurile unei fantezii pornografice, nu doar bijutier al versului, dar şi sublim neglijent, în stare de enorme şi comice bîlbe, autor de chinezerii delicate şi de umbre pe pînza vremii, dar şi pamfletar trivial, posesor al tuturor tehnicilor şi schimbîndu-le după plac, în stare de realismul cel mai viguros şi de livrescul cel mai pur, stilizînd arghezian oribilul, sfărîmînd bacovian organele poziei, mitizînd ca Blaga şi evocînd nostalgic ca Pillat, continuîndu-i pe tot poeţii (pe marii naivi ca şi pe micii meşteşugari) din secolul XIX şi anticipîndu-i pe toţi (academizanţi, simbolişti, modernişti, păşunişti) din secolul XX. (România Literară, editorial de Nicolae Manolescu, p. 1, 16-22 janeiro de 2001.)

Rosa del Conte escreveu um livro de relevo: Del Conte, Rosa. *Eminescu o dell'assoluto.* Modena: Società Editice Modenese, 1962, p. 64. Lembro ainda de Nicolae Manolescu o livro *Teme.* Bucareste: Cartea Românească, 1971, p. 137.

Cito e traduzo, de Mikhail Liermontov, um trecho pré-eminesciano de *Demônio* (9, pp.585-588):

> *И Ангел грустными очами*
> *На жертву бедную взглянул*
> *И медленно, взмахнув крылами,*
> *В эфире неба потонул.*

> E o Anjo do céu tristemente
> A donzela contemplou
> Movendo as asas lentamente
> No éter celeste mergulhou.

Finalmente, não se pode esquecer a cultura sânscrita eminesciana. Amita Bhose destacou-se nesse campo. Veja-se *Eminescu și limba sanscrită*. Bucareste: Cununi de Stele, 2010, assim como os artigos do ilustre estudioso Sergiu Al-George reunidos no livro *S. A-G. văzut de noi indiene*, lido no trem de Craiova para Bucareste, numa paisagem assemelhada a *Doutor Jivago*, absolutamente branca.

Tardes de Alba Iulia

Lido em romeno para o encontro da União Latina, na Universidade de Alba Julia, 21 e 22 de outubro de 2011.

A leste do Tibre

Resumo do texto lido em romeno por ocasião do título de *doutor honoris causa* pela Universidade Tibiscus de Timișoara, em abril de 2016.

RASTREAMENTO

JGR: sertão ocultado demais

A edição utilizada de *Grande Sertão: Veredas* é a da Nova Aguilar, de 1994, em dois volumes, cujo título do artigo remonta à página 723.

Lido na Universidade de Salamanca, em espanhol, no dia 30 de setembro de 2015, e na embaixada do Brasil, em Berlim, em alemão, no dia 9 de outubro do mesmo ano. A tradução para o alemão é assinada por Berthold Zilly, empenhado em retransmitir GSV para a sua língua. Foi suprimida a homenagem a Günter Grass (falecido no ano de 2015), com um poema que lhe dediquei, em alemão, publicado no meu livro *Erwartungslicht*, de 2003, e aqui reproduzido, com duas ou três modificações:

Viel zu Weit

Günter Grass gewidmet

das Land
ist
still
Raum
und
Zeit

Zeit
und
Raum:

der Wind
ist schon
verschwunden

und
das künftige
Land
ungefunden

Viele Fenstern
und nur eine
Frage:

ein Messer
an die Haut
der Zeit

und
die Narbe
der Geschichte

mit
ihren Kirchen
Pfauen
Pfarren

Das Feld
ist noch
weiter

und Nacht
für
Nacht

die Kerze
Gottes
ist ausgelöscht:

und
sie
läßt sich

in
Finsterniss
erklären

Sobre uma excessiva universalização, de que se defende GSV, penso na ideia do informe, a partir de uma posição matemática, tirada de *Em defesa de um matemático*, de Godfrey Harold Hardy, para quem: "É preciso que certa medida de generalidade esteja presente em todo teorema de alta classe, mas o excesso tende inevitavelmente à insipidez." E cita Whitehead, para quem "a forte generalização limitada por uma particularidade feliz faz a concepção frutífera".

Não incluí o elogio que fiz, de improviso, a Curt Meyer Clason, com o qual mantive pequena correspondência. Para agradecer a tradução de meus poemas, dediquei-lhe o poema "Himmel", escrito em alemão, sobre o qual me responde: *Lieber Freund und Meister, Gestern, am 19.*

September traf ich Ihr Brief ohne Datum ein: Ihre handgeschriebene Karte und Ihr Manuskript von insgesamt 12 maschinengeschriebenen Seiten. Haben Sie tausend Dank. Ich habe Ihren poetischen Essays mehrfach gelesen, um ihn in seiner vielfältigen Fülle ganz zu verstehen, was mir allmählich gelingt. GANZ verstanden habe ich Ihr Gedicht EIN HIMMEL, von der ersten bis zur letzten Zeile. Ich bin nach wie vor bewegt und wortlos: über Inhalt, Sinn und dichterisches Schweben (Munique, 20 de setembro de 2002).

Dante: elogio da transparência

Valor Econômico, 11 de outubro de 2012, por ocasião da leitura dos versos da Comédia, na basílica de São Francisco, no dia 14 de setembro do mesmo ano, em Ravena.

Projeções de Omār Khayyām

Prefácio à tradução de *Rubaiyát*. Rio de Janeiro: Topbooks, 2013.

Fausto no Brasil

Revista do Instituto Histórico e Geográfico Brasileiro. XXX Encontro Brasil-Alemanha Visões e Revisões, 08 de abril de 2014.

A citação de Bachelard foi extraída de *O pluralismo coerente da química moderna* (tradução de Estela dos Santos Abreu). Rio de janeiro: Contraponto, 2009. As traduções foram extraídos de *Fausto — Uma tragédia* (primeira e segunda parte). Tradução de Jenny Klabin Segall. Apresentação, comentários e notas Marcus Vinicius Mazzoni. São Paulo: Editora 34, 2016 e 2015, 6ª e 4ª edição p. 29, 491, 373 e p. 1061-63; *Deus e o Diabo no Fausto de Goethe*. Haroldo de Campos. São Paulo: Editora Perspectiva, 2008; *Fausto*. Tradução de Sílvio Meira. São Paulo: Círculo do Livro, 1995.

O trecho da partitura da ópera *Mefistofele*, de Arrigo Boito (*riduzione per canto e pianoforte* por Michele Saladino), foi retirada da edição *Mefistofele*. Milano: Ricordi, s/d, p.100.

A dromologia do *Orlando Furioso*

As traduções de Ariosto são de Pedro Garcez Ghirardi, das duas edições de *Orlando Furioso*, publicadas pela Ateliê Editorial, de São Paulo: a primeira de 2002, e a segunda de 2011. Já a edição italiana do *Furioso*, com pequenas modificações, é a de Marcello Turchi. Milano: Garzanti, 1974. Dois volumes.

A tradução do verso de Dante é de Cristiano Martins. *A divina comédia*. Belo Horizonte, São Paulo: Editora Itatiaia-Edusp, 1979.

A presença de Calvino se origina do livro *Por que ler os clássicos* (tradução de Nilson Moulin). São Paulo: Companhia das Letras, 2007, p. 67. A frase de Jacob Burckhardt, que cito abaixo, de forma ampliada, é de *Die Kultur der Renaissance in Italien, ein Versuch* (hrsg. von Werner Kaegi). Bern: Hallwag Bern, 1943, p. 341. *Das Kunstziel des Ariosto ist das glanzvoll lebendige 'Geschehen', welches sich gleichmässig durch das ganze Gedicht verbreitet. Er bedarf dazu einer Dispensation nicht nur von der tiefern Charakterzeichnung, sondern auch von allem strengen Zusammenhang der Geschichten. Er muss verlorene und vergessene Fäden wiederanknüpfen dürfen, wo es ihm beliebt; seine Figuren müssen kommen und verschwinden, nicht weil ihr tieferes persönliches Wesen, sondern weil das Gedicht so verlangt.*

Um livro interessante sobre a recepção de Ariosto em Portugal, assim como de outros escritores italianos, é o de José da Costa Miranda: *Estudos luso-italianos. Poesia épico-cavaleiresca e teatro setecentista*. Lisboa: Ministério da Educação — Instituto de Cultura e Língua Portuguesa, 1990, capítulo "Ludovico Ariosto, *Orlando furioso*: Apontamentos sobre a sua presença em Portugal (séculos XVI a XVIII)".

Montaigne: uma ética da tradução

O Globo, Prosa e Verso. 21 de janeiro de 2011.

T. S. Eliot e o pantempo

O Globo, Prosa e Verso, edição digital. 19 de setembro de 2009.

A citação da partitura é do livro de René Leibowitz. *Storia dell'opera*. Milano: Garzanti, 1979.

MALTRAÇADAS LINHAS

Cleonice Berardinelli: 100 anos

Livro homenagem aos 100 anos de Cleonice Berardinelli. Editora Bazar do Tempo: Rio de Janeiro, 2016.
O texto é um pastiche, um divertimento, longe de um corte filológico cientificamente definido.

Puro e disposto, Alfredo Bosi

A sair em livro de homenagem.

Kerido Evanildo Bexara

O Estado de Minas. 20 de setembro de 2014.

Ubaldo e Policarpo

Publicado por Dalva Tavares no livro que organizou: *Viva o povo brasileiro e João Ubaldo*. Salvador: Edufba, 2015.

POSTA-RESTANTE

As cidades de Ferreira Gullar

O Globo, Prosa e Verso, edição digital. 28 de agosto de 2010.

Sobre Gullar, reproduzo as orelhas que escrevi para a nova edição de *Poema sujo* (José Olympio, em 2013): Lembro-me do susto e da alegria, da viva emoção na primeira leitura de *Poema sujo*, adolescente ainda, quando a descoberta do mundo, dentro e fora dos livros, era uma demanda feroz, uma correnteza impiedosa e selvagem. Lembro-me do céu azul, naquela tarde de sábado. Lembro-me da livraria, em Niterói, da segunda estante do lado esquerdo. E o coração, que batia forte, e do mesmo lado, não me deixava fechar o livro, que continua, desde a década de setenta, vertiginosamente aberto. Porque se "muitos dias há num dia só", naquele poema havia uma enormidade de poemas. Foi o "Navio negreiro" de minha geração, o "I-Juca Pirama" da segunda metade do século XX. Mesmo à vista desarmada, dos meus olhos meninos, não errei. Porque não se tratava apenas de um poema. Era também, sobretudo, uma poética de exílio e rebelião, esperança e enfrentamento, eis o que sentíamos, então, os brasileiros. Mas sem que o laboratório de Gullar perdesse um milímetro de sua dinâmica do espaço, mudanças de escala, dimensões cruzadas entre o corpo e o mundo, a História e a subjetividade. Como se houvesse uma fina camada, ou película, esticada até o limite, fina e transparente, ao longo de todo *Poema sujo*, dentro de um lirismo que se revela em alternância: ora explosivo, com força inusitada, generoso, radical; ora discreto, líquido, latente, como um obstinado rumor de fundo. Música sem melodia, sagazmente desafinada. Apenas ritmo, com ampla variação mozartiana. Um Mozart impuro e afônico, revisto por Villa-Lobos, tal como Gullar revisitou a poesia brasileira, de Castro Alves a Drummond, passando pelas ferrovias de Jorge de Lima ou de Manuel Bandeira. E não se deve perder a cosmologia no *Poema sujo*, porque ela existe e aclara perfeitamente a densidade das coisas, dos conflitos sociais, do *corpo-galáxia*, da vida dos insetos, da liquefação dos corpos a céu aberto. Poema longo, que devora a si mesmo e renasce, com a vitória de uma espécie de zangada visibilidade. Tenho uma palavra para traduzir minha ligação com o *Poema sujo*, e não encontro outra que não seja o de um entusiasmo, como somente as grandes obras são capazes de criar.

Ao lado de Vera, Alberto

Do livro de Alberto da Costa e Silva, *Ao lado de Vera*. Rio de Janeiro: Nova Fronteira, 2011, 2ª edição.

Merquior: verso e reverso

Um dos prefácios ao livro *Verso e universo*, de José Guilherme Merquior. Rio de Janeiro: É Realizações, 2012.

Mistero buffo de Ariano

Comunità Italiana, 15 de setembro de 2014.

Boff: elogio do inacabado

O Globo, Prosa e Verso, edição digital, 23 de abril de 2012.

Reproduzo uma entrevista com Leonardo Boff (Comunità Italiana, n. 88, 2005):

Lucchesi: Numa famosa antologia de Küng e Tracy, você tratou da questão de mudança de paradigma no seio do cristianismo e essa tem sido uma de suas maiores contribuições no campo teológico...

Boff: Nos anos 1980, Hans Küng, no contexto da reunião anual da revista Concilium em Tübingen, reuniu vários pensadores de distintas áreas de saber para pensarem o cristianismo de forma pluralista. Utilizou-se a categoria de T. Kuhn — a mudança de paradigmas — para dar conta da diversidade da experiência cristã. Lá estavam pessoas conhecidas como Habermas, Ricoeur, Tracy, Paulo Freire, Jüngel, Dussel e outros. Coube a mim apresentar o paradigma da teologia da libertação. Seu núcleo fundamental era dar centralidade ao pobre como produtor de substância social (ator capaz de contribuir na transformação da sociedade) e também como ator de nova eclesialidade (cristão ativo, produtor de um modelo de Igreja como rede de comunidades). Creio que essa proposição continua tendo validade, pois efetivamente os pobres não são apenas destituídos de meios de vida e de cultura, mas são atores oprimidos que não perderam sua capacidade de criar e de moldar de forma diferente a realidade social e eclesial.

Lucchesi: Nessa direção, a demanda ecológica e uma compreensão da terra crucificada parecem testemunhar novos caminhos para o cristianismo atual...

Boff: Desde cedo, seja por ser franciscano, seja pela observação das coisas, dei-me conta da questão ecológica. Mas sempre me senti, nesta minha percepção, até os dias de hoje, solitário no interior da comunidade dos teólogos da libertação. Para mim era claro que a mesma lógica que explora as pessoas, as classes, os povos, explora também a natureza. Essa lógica é a capitalista, embora o socialismo com referência à ecologia não difira em nada do capitalismo. Ambos são filhos da modernidade para a qual a natureza nunca passou de objeto e campo de exercício da liberdade e criatividade, sem alteridade a ser respeitada. A tese que sustento é que, se a teologia da libertação quer ser integral, deve incorporar em seu discurso e em sua prática a Terra com seus ecossistemas. Se a marca registrada da teologia da libertação é a opção pelos pobres contra a pobreza, então a Terra deve ser incluída na opção pelos pobres, pois ela é a mais explorada e pilhada de todos os pobres. Nos anos oitenta do século XX, ao entrar em contato com o novo paradigma derivado das ciências da Terra, nomeadamente da nova cosmologia e biologia, mais me convenci da necessidade de pensar a Terra numa perspectiva holística libertadora. O resultado desta diligência foi meu livro *Ecologia: grito da Terra*, grito dos pobres, de 1993, em que procuro estabelecer o diálogo entre o discurso da teologia da libertação e o discurso ecológico. O livro foi melhor recebido lá fora que aqui, recebendo até um prêmio nos EUA como o livro que favorecia o diálogo entre ciência moderna e fé cristã, e por causa dele fui honrado em Estocolmo, em 2002, com o Prêmio Nobel da Paz Alternativo. Mas estou convencido de que o alarme ecológico funda uma nova centralidade: garantir o futuro da Terra e da Humanidade. A questão central não é que futuro possa ter o cristianismo ou o projeto da tecnociência, mas como estas instâncias colaboram na salvaguarda de um futuro comum promissor, da Terra e da Humanidade.

Lucchesi: As injustiças sociais não apenas prosseguem, mas se ampliam. Seria possível pensar uma revolução profunda que alterasse as formas de opressão vigentes em nosso país?

Boff: A crise é do sistema global de convivência e não apenas brasileiro. Aqui ele ganha uma expressão especialmente perversa porque teria todas as condições de ser diferente. Tenho dedicado muitas reflexões sobre esta questão nos últimos anos configuradas em livros como *Globalização, nova era da humanidade*; *Ethos mundial, ética da vida*; *Do iceberg à arca de Noé*; e recentemente nos três volumes de *Virtudes para um outro mundo possível*, em que abordo a hospitalidade, a convivência, o respeito, a tolerância, a comensalidade e a cultura da paz. Minha tese de base é que esse problema não é apenas político, mas antes de tudo ético. Ou faremos uma coalização de forças interessadas numa ética mínima humanitária ou poderemos ir ao encontro do pior.

Lucchesi: Quedas de muro. Pensamento único. Morte das utopias. Vivemos de fato num quadro de refluxo ou existirá, porventura, uma janela que se abra, como a pequena janela dos segundos, através da qual, para os judeus, ocorrerá a vinda do Messias?

Boff: Para mim os nichos produtores de utopias novas se encontram entre os oprimidos, especialmente entre os povos de Porto Alegre, Seattle, Gênova etc. Estes grupos se deram conta de que este tipo de humanidade, se persistir em seguir a lógica perversa do sistema de dominação sobre tudo (estar sobre e nunca junto com), pode levar a Humanidade e a Terra a um impasse sem retorno. O perigo é tão grande que podemos dizimar a espécie humana e ferir profundamente a biosfera. A utopia nova está centrada na vida, no seu respeito, na garantia de sua diversidade, no direito de todos de participarem dos meios da vida e da promessa da vida eterna. Aqui vejo um campo novo de atuação das religiões, pois elas, segundo Ernst Bloch, são naturalmente geradoras de utopias benfazejas. O Cristianismo, se não fosse nesse momento tão centrado na defesa de sua identidade, poderia encontrar neste desafio um vasto campo de sua realização e de reencontro com sua verdadeira identidade, que não pode ser outra senão aquela do Messias que veio trazer vida, e vida em abundância.

Lucchesi: Um dos julgamentos mais superficiais feitos sobre a teologia da libertação foi a de que não havia em suas raízes uma verdadeira dimensão mística...

Boff: Esta acusação nasceu nos grupos que nunca leram nada da teologia da libertação e nunca viram comunidades eclesiais que praticavam as intuições da teologia da libertação. Esta nasceu no interior de uma experiência espiritual e mística de descoberta do Crucificado nos crucificados da história. Sempre foi acompanhada por uma mística de engajamento e de serviço aos pobres e excluídos. Foi a única teologia do pós-guerra que produziu muitos mártires, que o eram não por razões políticas, mas de fé e de comunhão com os destituídos deste mundo. Os melhores textos de teologia espiritual escritos na América Latina vieram dos teólogos da libertação, especialmente de Gustavo Gutierrez, Dom Hélder Câmara e Pedro Casaldáliga. Mais da metade de minha produção teológica, que já vai para mais de setenta obras, é dedicada à espiritualidade, desde a tradução da obra mística do Mestre Eckhart até o comentário da Ave-Maria, do Pai-Nosso e do Glória ao Pai. Quando tiverem passado os conflitos, a verdade virá à tona e ver-se-á que a teologia da libertação, antes de qualquer outra coisa, significou uma profunda revolução espiritual que nos permitiu entender, de forma nova, o mistério de Deus, a missão do Messias, o lugar da Igreja e a tarefa dos cristãos no mundo dos pobres.

Lucchesi: Quais seriam, a seu ver, as perspectivas de mudança do cristianismo nesse início de século. Possível um João XXIV?

Boff: Vivemos tempos de grande mediocridade em todas as áreas da cultura mundial, na política, no pensamento e também na teologia. Tempos assim são tempos de medo, de repetição do mais seguro, de repressão a qualquer aceno de criatividade. Lamentavelmente a Igreja Católica atual vive semelhante recuo que se revela pelo integrismo, por traços claros de fundamentalismo em sua doutrina e de falta generalizada de coragem para enfrentar, com inteligência e ousadia, os desafios atuais, que são graves. O que nos salva é a fé que Deus está presente também no Jardim das Oliveiras e especialmente na Cruz. Depois sempre haverá um Tabor e uma Ressurreição. Há que se saber esperar os momentos do Espírito.

Ungaretti: invenção da poesia moderna

Das coordenadas do texto localizo apenas o ano, 1999, falta-me a publicação.

CAIXA POSTAL

Biblioteca Nacional 200 anos: uma defesa do infinito

Texto para o catálogo homônimo da exposição da Fundação Biblioteca Nacional, publicado em 2010.

Futuro do passado

O *Globo*. 27 de abril de 2011.

Lágrimas de Xerxes

O *Globo*. 21 de outubro de 2011.

Políticas da memória

O *Globo*, 21 de março de 2012.

Crônicas de Euclides

Prefácio ao livro homônimo, que organizei para a editora Global. São Paulo, 2010.

Rio de Janeiro 450 anos: uma história do futuro

Catálogo da exposição homônima inaugurada em 6 de agosto de 2015 na Biblioteca Nacional.

Havia no texto a seguinte nota: O intenso trabalho de pesquisa foi todo realizado no impressionante acervo da Biblioteca Nacional, com seu reconhecido índice de diversidade, cuidadoso sistema de guarda e catalogação. Além das doações pontuais da curadoria, buscamos um conjunto de visões que registrasse o quotidiano da cidade em 2015, nas lentes de Adriana Lorete, Carlos Ivan, Felipe Varanda, Ivo Gonzalez, Marcelo Carnaval, Marcia Foletto, Pablo Jacob, Pedro Kirilos, Pedro Stephan e Paulo Moreira. Também as crianças do Ciep Presidente João Goulart (Morro do Cantagalo/ Ipanema) foram especialmente convidadas para desenharem uma cidade projetada no futuro, com alta densidade lírica, que atravessa um quotidiano simultaneamente conhecido e transfigurado. E, como a cidade é de todos, não faltaram os alunos detentos da escola Angenor de Oliveira-Cartola, do Complexo de Bangu I, traduzindo aquela ideia de Paulo Freire da educação como prática da liberdade, que é valor definitivo para os cariocas. Assinale-se também o novo lote de quadros comprados pela Biblioteca Nacional de Dorith de Pénasse Mouwen e Okky Offerhaus, herdeiras de Hesshaimer, bem como as gravuras cedidas gentilmente pelo IplanRio. Tudo isso passa a fazer parte do acervo.

ENDEREÇO DESCONHECIDO

Aquiles e a tartaruga

Autobiografia requisitada pelo escritor José Carlos de Vasconcelos publicada no *Jornal de Letras, Artes e Ideias*. Lisboa, 23 de dezembro de 2013.

obras
do autor

Hinos matemáticos [Poesia]. Rio de Janeiro: Dragão, 2015.

Rudimentos da língua laputar (proposta patafísica). Rio de Janeiro: Dragão, 2015. (Língua artificial.)

Clio [Poesia]. São Paulo: Editora Globo, 2014. (Segundo lugar do Prêmio Jabuti, 2015.)

O bibliotecário do imperador [Romance]. São Paulo: Editora Globo. (Prêmio Machado de Assis, UBE, finalista do Prêmio São Paulo.)

Nove cartas sobre a divina comédia [Ensaio]. Rio de Janeiro: Biblioteca Nacional; Casa da Palavra, 2013.

O livro de Deus na obra de Dante [Cadernos de Teologia Pública]. Uma releitura na Baixa Modernidade. São Leopoldo: Unisinos, 2011, n. 65.

O dom do crime [Romance]. Rio de Janeiro: Record, 2010. (Prêmio Machado de Assis da UBE; Prêmio Brasília, segundo lugar; e Finalista do Prêmio São Paulo.)

Ficções de um gabinete ocidental [Ensaio]. Rio de Janeiro: Record, 2009. (Prêmio Ars Latina de Ensaio 2010 da Romênia e Prêmio Orígenes Lessa 2010 da UBE.)

Meridiano celeste & bestiário [Poesia]. Rio de Janeiro: Record, 2006. (Prêmio Alphonsus de Guimarães 2006 da Biblioteca Nacional; finalista do Prêmio Jabuti 2007.)

A memória de Ulisses [Ensaio]. Rio de Janeiro: Civilização Brasileira, 2006. (Prêmio UBE João Fagundes de Meneses 2007.)

Sphera [Poesia]. Rio de Janeiro: Record, 2003. (Segundo lugar do Prêmio Jabuti 2004; Prêmio UBE de Poesia Da Costa e Silva 2004 e pré-finalista do Prêmio Portugal Telecom 2004.)

Poemas reunidos [Poesia]. Rio de Janeiro: Record, 2000. (Finalista do Prêmio Jabuti 2002.)

Os olhos do deserto [Memória e Testemunho]. Rio de Janeiro: Record, 2000.

Teatro alquímico [Ensaio]. Rio de Janeiro: Artium, 1999. (Prêmio Eduardo Frieiro 2000 da Academia Mineira de Letras.)

O sorriso do caos [Ensaio]. Rio de Janeiro: Record, 1997.

Bizâncio [Poesia]. Rio de Janeiro: Record, 1997. (Edição comenda por Espatário da Trebizonda; finalista do Prêmio Jabuti 1999.)

Saudades do paraíso [Memória e Testemunho]. Rio de Janeiro: Lacerda Editores, 1997.

A paixão do infinito [Ensaio]. Niterói: Cromos, 1994.

Breve introdução ao inferno de Dante [Ensaio]. Rio de Janeiro: Âmbito Cultural, 1985.

Livros de poesia publicados ou traduzidos em outras línguas

Irminsul. Lucca: Accademia Lucchese delle Scienze Lettere e Arti, 2014 (Promo PA Fondazione e Associazione Lucchesi nel Mondo). Livro escrito em italiano. Prêmio pelo conjunto da obra poética em italiano, 2014.

5 poemas de Marco Lucchesi, leídos el 8 de octubre de 2014 en la Residencia de Estudiantes (tradução de Antonio Maura). Madrid: Ed. Poesia en la Residencia, 2014.

Surasul haosului (tradução de George Popescu para o romeno dos poemas em italianos). Craiova: Editora Aius, 2013.

Oriente/Ocidente (tradução de Ángeles Godínez Guevara para o espanhol). México: Universidad Nacional Autónoma de México, 2012.

Prietenia la patru mâini (tradução de George Popescu para o romeno). Craiova: Autograf MJM, 2005.

Hyades (tradução de George Popescu para o romeno). Craiova: Autograf MJM, 2005.

Hyades. San Marco in Lammis: Levante, 2004. Livro escrito em italiano.

Isfahan (organizado e traduzido por Rafi Moussavi para o persa). Teerã: Ministério das Relações Exteriores do Irã, 2003. Republicado no Brasil: *Isfahan*. Rio de Janeiro: Shams, 2006.

Grădinile somnului (traduzido do italiano para o romeno por George Popescu). Craiova: Scrisul Românesc, 2003.

Erwartunglischt (organização e tradução de Curt Meyer-Clason). Curitiba/Berlim: Leonardo Verlag, 2003.

Lucca dentro. Lucca: Maria Pacini Fazzi, 2002 (Prêmio da Câmera de Comércio de Lucca). Livro escrito em italiano.

Poesie. Roma: Grilli, 1999 (Prêmio Cilento 1999). Livro escrito em italiano.

Obras organizadas

A longa noite síria: uma voz no deserto. Rio de Janeiro: Dragão, 2015.

Rio de Janeiro, 450 anos: uma história do futuro [Catálogo da exposição]. Rio de Janeiro: Fundação Biblioteca Nacional, 2015.

Ostensor brasileiro. Edição fac-similar. Rio de Janeiro: Fundação Biblioteca Nacional, 2011.

Melhores crônicas de Euclides da Cunha. São Paulo: Global, 2011.

Biblioteca nacional 200 Anos, uma defesa do infinito [Catálogo da exposição]. Rio de Janeiro: Biblioteca Nacional, 2010.

Nova escola para aprender a ler, escrever e contar, de Manuel de Andrade Figueiredo. Rio de Janeiro: Biblioteca Nacional, 2010.

Roteiro da poesia brasileira: anos 2000. São Paulo: Global, 2009.

Euclides da Cunha, uma poética do espaço brasileiro [Catálogo da exposição]. Rio de Janeiro: Biblioteca Nacional, 2009.

Divina proportione, de Luca Pacioli. Edição fac-similar. Rio de Janeiro: Fundação Biblioteca Nacional, 2009.

Oração apodíctica aos cismáticos da pátria, de Diogo Gomes Carneiro. Edição fac-similar. Rio de Janeiro: Fundação Biblioteca Nacional, 2009.

O espelho: revista semanal de literatura, modas, indústria e artes. Edição fac--similar. Fundação Biblioteca Nacional, 2008.

Frutas do Brasil, de Frei Antonio do Rosário. Edição fac-similar. Rio de Janeiro: Fundação Biblioteca Nacional, 2008.

Medicina teológica, de Francisco Melo Franco. Edição fac-similar. Rio de Janeiro: Fundação Biblioteca Nacional, 2008.

Melhores poemas de Walmir Ayala. São Paulo: Global, 2008.

Machado de Assis, cem anos de uma cartografia inacabada [Catálogo da exposição]. Rio de Janeiro: Biblioteca Nacional, 2008.

Machadiana da biblioteca nacional [Compilação de todo o material com autoria principal ou secundária de Machado de Assis existente na Biblioteca Nacional]. Rio de Janeiro: Fundação Biblioteca Nacional, 2008.

O canto da unidade: em torno da Poética de Rûmî. Rio de Janeiro: Fissus, 2007. (Prêmio Mário Barata da UBE, finalista do Prêmio Jabuti de Tradução 2008.)

Arte da língua de Angola, de Pedro Dias. Edição fac-similar. Rio de Janeiro: Fundação Biblioteca Nacional, 2006.

Caminhos do islã. Rio de Janeiro: Record, 2002. (Indicado ao Prêmio Portugal Telecom 2003.)

Viagem a Florença. Cartas de Nise da Silveira a Marco Lucchesi. Rio de Janeiro: Rocco, 2003.

Giacomo Leopardi — poesia e prosa. Rio de Janeiro: Nova Aguilar, 1996.

Artaud: a nostalgia do mais. Rio de Janeiro: Numen, 1989.

Participação em antologias, estudos e coletâneas

VĂLCAN, Ciprian. *Cioran un aventurier nemişcat* [Entrevista]. Bucareste: Editora All, 2015.

Discursos na Academia Francesa [Discurso]. Rio de Janeiro: ABL, 2015.

MATEUS, Victor Oliveira. *Cintilações da sombra III* [Poesia]. Fafe: Labirinto, 2015.

LIMA, Dalva Tavares. *Viva o povo brasileiro e João Ubaldo* [Ensaio]. Salvador: Edufba, 2015.

CĂLINA, Nicoleta. *Stefan Petica* [Poesia]. La 100 ani După. Craiova: Aius, 2014.

NAZARENO. *Aqui do lado de dentro*. Rio de Janeiro: Luciana Caravello, 2014.

PIERANGELI, Fabio. *Afferrare le redini di una vita nuova* [Ensaio]. Roma: UniversItalia, 2014.

QUINTAS, Fátima (org.). *César Leal*. Recife: APL, 2014.

FERENC, Pál. *Nagy Vilagy* [Poesia]. Kesztölc: Nemzeti Kulturális Alap, 2014.

REIS VELLOSO, João Paulo. *A renascença, primavera do humanismo moderno: lições para o Brasil* [Ensaio]. Rio de Janeiro: Instituto Nacional de Altos Estudos, 2014.

XXVII Conferência da Academia de Latinidade. *Post-Regionalism in the lobal Age: multiculturalism and cultural circulation in Asia and Latin America* [Ensaio]. Rio de Janeiro: Educam, 2014.

BONAFFINI, Luigi; PERRICONE, Joseph. *Poets of the Italian diaspora* [Poesia]. Nova Iorque: Fordham University Press, 2013.

VIOLA, Alan Flávio. *Crítica literária contemporânea*. Rio de Janeiro: Civilização Brasileira, 2013. Ensaio.

CAPUTO, Rino; LONGO, Nicola (ed.). *Raccolta di scritti per Andrea Gareffi*. Roma: Nuova Cultura, 2013. Poesia.

COHN, Sérgio. *Poesia.br*. Rio de Janeiro: Azougue Editorial, 2013. Poesia.

XXVI Conferência da Academia da Latinidade. *L'europe et le Legs de L'Occident* [Ensaio]. Rio de Janeiro: Educam, 2013.

FRESSIA, Alfredo. *La otra* [Poesia]. Coyoacán, n. 15, 2012.

OLSSON, Magnus William; SCHUBACK, Marcia. *Lyrikvännen* [Poesia]. Estocolmo, n. 1, 2012.

PORTOCARRERO, Celina. *Amar, verbo atemporal* [Poesia]. Rio de Janeiro: Rocco, 2012.

MARIANACCI, Dante & MINORE, Renato. *L'Italiano degli Altri* [Poesia]. Roma: Newton Compton, 2010.

FOGEL, Gilvan (*et al.*). *Emanuel Carneiro Leão* [Ensaio]. Rio de Janeiro: Hexis, 2010.

Versschmuggel — Contrabando de versos [Poesia]. São Paulo: Editora 34, 2010.

Analele Universitatii din Craiova. Craiova: EUC, 2009. Ensaio.

ALKAN, Tozan (org.). *Ceviri Edebiyati* [Poesia]. Istambul: C.N., 2009.

MELLO, Luis Carlos. *Nise da Silveira*: Encontros [Ensaio]. Rio de Janeiro: Azougue, 2009.

BELLIARD, Basilio; MARTINS, Floriano. *Máscaras de Orfeo: poesía brasileña y dominicana* [Poesia]. Santo Domingo [República Dominicana]: Ediciones de la Secretaria de Estado de Cultura, 2009.

SEREGNI, Jerôme (et alii). *Las palabras pueden* [Ensaio]. Bogotá: Unicef, 2007.

MARTINS, Floriano; NERES, José Geraldo (orgs.). *Antología de Poesía Brasileña* [Poesia]. Madrid: Huerga y Fierro Editores, 2007.

KORFMANN, Michael (*et al.*). *Ten Contemporary Views on Mario Peixoto's Limite* [Ensaio]. Münster: MV, 2006.

Festival Internacional de Poezie a Lumii Latine. Ars amandi. Bucareste: Institutul Cultural Român, 2006. Poesia.

PROENÇA, Domício. *Concerto a quatro vozes* [Poesia]. Rio de Janeiro: Record, 2006.

COANDE, Nicolau. *Celalat Capat* [Ensaio]. Bucareste: Curtea Veche, 2006.

SALVADO, Antonio; ALENCART, Alfredo Pérez. *Os rumos do vento/ los rumbos del viento* [Poesia]. Fundão: Trilce, 2005.

PEREIRA, Geraldo. *Pescando peixes graúdos em águas brasileiras* [Poesia]. Goiânia: Diálogo Poético, 2004.

STEGAGNO-PICCHIO, Luciana. *Poesia straniera: portoghese e brasiliana* [Poesia]. Roma: Biblioteca di Repubblica, 2004.

Diálogo entre ciência e arte [Ensaio]. Rio de Janeiro: Fiocruz, 2003. (vol. 13.)

MARCHIS, Giorgio de (org.). *Criação e crítica: homenagem de 8 poetas e 8 ensaístas a Giulia Lanciani* [Poesia]. Lisboa: Caminho, 2003.

Günter Grass dal Tamburo al Gambero [Ensaio]. Penne: Tracce, 2002.

BERKENBROCK, Volney; TEIXEIRA Faustino. *Sede de Deus* [Poesia]. Petrópolis: Vozes, 2002.

MAFFIA, Dante (org.). *Poesia a Lucca* [Poesia]. Lucca: Maria Pacini Fazzi, 2002.

VIEIRA, Ana Thereza. *Rotae temporis* [Poesia]. Roma: Grilli, 2001.

Traduções

POPESCU, George. *Caligrafia silenciosa*. Rio de Janeiro: Rocco, 2015 (edição revista do livro homônimo publicado no Rio de Janeiro pela editora Shams, em 2007).

GUILLEVC. *Euclidianas*. São Paulo: Berlendis e Vertecchia, 2014.

KHLÉBNIKOV, VELIMIR. *Eu e a Rússia*. Rio de Janeiro: Editora Bem-Te-Vi, 2014. (Edição revista e ampliada do livro Poemas de Khlébnikov publicado em 1993.)

PSEUDO-DIONÍSIO (Areopagita). *Teologia mística*. Rio de Janeiro: Fissus, 2004. (Edição revista e incluída no livro *Nove cartas sobre a Divina Comédia*.)

PASTERNAK, Boris. "Versos de Iúri Jivago." In: *Doutor Jivago*. Rio de Janeiro: Record, 2002.

ECO, Umberto. *Baudolino*. Rio de Janeiro: Record, 2001. (Finalista do Prêmio Jabuti.)

CRUZ, Juan de la. *Pequena antologia amorosa*. Rio de Janeiro: Lacerda, 2000. (Edição revista da primeira seção de poemas do livro *Faces da utopia*.)

RÛMÎ, Jalāl al-Dīn. *A sombra do amado:* poemas de Rûmî. Rio de Janeiro: Fissus, 2000. (Prêmio Jabuti 2001.)

COTRONEO, Roberto. *Presto con fuoco*. Rio de Janeiro: Record, 1999.

VICO, Giambattista. *A ciência nova*. Rio de Janeiro: Record, 1999. (Prêmio União Latina 2000; Premio Speciale del Presidente della Repubblica Carlo Ciampi: Prometeo d'Argento.)

LEVI, Primo. *A trégua*. São Paulo: Companhia das Letras, 1997.

ALFIERI, Vittorio. *Esboço do juízo final*. Rio de Janeiro: Lacerda Editores, 1997.

Poemas à noite, de Rilke e Trakl. Rio de Janeiro: Topbooks, 1996. (Prêmio Paulo Rónai da Biblioteca Nacional.)

SÜSKIND, Patrick. *Um combate e outros relatos*. Rio de Janeiro: Record, 1996.

ECO, Umberto. *A ilha do dia anterior*. Rio de Janeiro: Record, 1995. (Finalista do Prêmio Jabuti 1996.)

Faces da utopia. Niterói: Cromos, 1992.

Patmos e outros poemas de Hölderlin. Niterói: Grupo Setembro, 1987.

Seleção de livros prefaciados

ANDRADE, Carlos Drummond de. *Antologia poética*. Rio de Janeiro: Record, 2001. Prefácio. (Edição organizada pelo autor.)

ASSIS, Machado. *Textos inéditos em livro* (Organização de Mauro Rosso). Rio de Janeiro: ABL, 2014. Prefácio.

ASSIS, Machado de; MALARD, Letícia. *Esaú e Jacó*. Belo Horizonte: Autêntica, 2012. Posfácio. (2ª ed., revisada.)

AZEVEDO, Álvares de. *Macário*. Rio de Janeiro: Artium, 1998. Prefácio.

BEVILACQUA, Alberto. *O eros*. Tradução de Mario Fondelli. Rio de Janeiro: Record, 1995. Orelha.

BLOCH, Ernst. *O princípio esperança*, volume II. Tradução de Werner Fuchs. Rio de Janeiro: EdUerj; Contraponto, 2006. Orelha.

BRITO, Ronaldo Correia de. *Livro dos homens: contos*. São Paulo: Cosac Naify, 2005. Orelha.

BURROWES, Patrícia. *O universo segundo Arthur Bispo do Rosário*. Rio de Janeiro: FGV, 1999. Orelha.

CAMPAILLA, Sergio. *O paraíso terrestre*. Tradução de Eugenia Maria Galeffi. Rio de Janeiro: Versal, 2005. Prefácio.

CARDOZO, Joaquim. *Joaquim Cardozo: poesia completa e prosa* (org. de Everardo Morões). Rio de Janeiro: Nova Aguilar; Recife: Massangana, 2007. Estudo.

CARVALHO, Luiz Fernando Medeiros de; BRASILEIRO, Cristiane (org.). *Retrato do artista enquanto sempre*. Niterói: Niterói Livros, 2006. Prefácio.

CASSAS, Luís Augusto. *A poesia sou eu: poesia reunida*. Rio de Janeiro: Imago, 2012. Prefácio.

CAVALCANTI, Geraldo Holanda. *Os dedos de Norma*. Rio de Janeiro: Record, 2014. Orelha.

CAVALCANTI, Geraldo Holanda. *A herança de Apolo*. Rio de Janeiro: Record, 2013. Orelha.

CAVALCANTI, Geraldo Holanda. *Encontro em Ouro Preto*. Rio de Janeiro: Record, 2007. Orelha.

CIORAN, Emil. *O livro das ilusões*. Tradução de Jose Thomaz Brum. Rio de Janeiro: Rocco, 2014. Orelha.

COSTA E SILVA, Alberto. *Ao lado de Vera*. Rio de Janeiro: Nova Fronteira, 2011. Prefácio.

CULLER, Jonathan. *Sobre a desconstrução: teoria e crítica do pós-estruturalismo*. Tradução de Patrícia Burrowes. Rio de Janeiro: Rosa dos Tempos, 1997. Prefácio.

DANTE ALIGHIERI. *A divina comédia: inferno*. Tradução de Jorge Wanderley. (Org. de Márcia Cavendish Wanderley.) São Paulo: abril, 2010. Estudo.

ECO, Umberto. *A misteriosa chama da rainha Loana: romance ilustrado*. Tradução de Eliana Aguiar. Rio de Janeiro: Record, 2005. Orelha.

ECO, Umberto. *Cinco escritos morais*. Tradução de Eliana Aguiar. Rio de Janeiro: Record, 1998. Orelha.

ECO, Umberto. *Entre a mentira e a ironia*. Tradução de Eliana Aguiar. Rio de Janeiro: Record, 2006. Orelha.

ESPINHEIRA FILHO, Rui. *Sob o céu de Samarcanda*. Rio de Janeiro: Bertrand Brasil; Fundação Biblioteca Nacional, 2009. Orelha.

FOSCOLO, Ugo. *As últimas cartas de Jacopo Ortis*. Tradução de Andreia Guerini e Karine Simoni. Rio de Janeiro: Rocco, 2015. Estudo.

FICINO, Marsilio. *O livro do amor*. Niterói: Centro de Investigação Filosófica; Clube de Literatura Cromos, 1996. Estudo.

FURTADO DE MENDONÇA, Celso. *Os que não vieram*. Niterói: Cromos, 1995. Prefácio.

FURTADO DE MENDONÇA, Celso. *Os equivocados & outros poemas*. Niterói: Cromos, 1998. Orelha.

GALESANU, Dumitru. *Fugã spre rosu = poeme*. Bucareste: Tracus Arte, 2012. Prefácio.

GARAUDY, Roger. *Minha jornada solitária pelo século*. Tradução de Luciana Persice Nogueira. Rio de Janeiro: Nova Fronteira, 1996. Posfácio.

GRASS, Günter. *A ratazana*. Tradução de Lya Luft. Rio de Janeiro: Record, 2002. Orelha.

GUERINI, Andréia. *Gênero e tradução no Zibaldone de Leopardi*. São Paulo: Ed. USP; Florianópolis: Ed. UFSC, 2007. Prefácio.

GULLAR, Ferreira. *Poema sujo*. 15. ed. Rio de Janeiro: J. Olympio, 2013. Orelha.

HESSE, Hermann. *Felicidade*. Tradução de Lya Luft. Rio de Janeiro: Record, 1999. Prefácio.

HORTA, Luiz Paulo. *De Bento a Francisco: uma revolução na igreja*. Rio de Janeiro: Zahar, 2013.

I GIORNI e LE IDEE: *Leopoldo Paciscopi alla Palazzina Mangani*. Firenze: Il Ponte, 2003. Prefácio.

JUNQUEIRA, Ivan. *Essa música*. Rio de Janeiro: Rocco, 2014. Orelha.

LACERDA, Rodrigo. *A dinâmica das larvas: comédia trágico-farsesca*. Rio de Janeiro: Nova Fronteira, 1996. Orelha.

LEMOS, Valéria Pinto (org.); OLIVEIRA, Alexandra Almada de; CHEVALIER, Gabriela de; ROCHA, Quézia Júnia de Moraes. *Os exames censórios do Conservatório Dramático Brasileiro: inventário analítico*. Rio de Janeiro: Fundação Biblioteca Nacional, 2014. Estudo.

LIMA, Diógenes da Cunha. *Natal: uma nova biografia*. 1. ed. Natal: Infinita Imagem, 2011. Orelha.

LIMA, Jorge de; BUENO, Alexei (org.). *Jorge de Lima: poesia completa*. Rio de Janeiro: Nova Aguilar, 1997. Estudo.

LIMA, Jorge de. *Calunga*. Rio de Janeiro: Civilização Brasileira, 1997. Posfácio.

LITTELL, Robert. *De Mandelstam para Stálin*. Tradução de Mauro Gama. Rio de Janeiro: Record, 2010. Orelha.

LONGO, Angelo. *No bosque do santuário*. Niterói: Cromos, 1997. Orelha.

MAFFESOLI, Michel. *A conquista do presente: por uma sociologia da vida cotidiana*. Tradução de Alípio de Souza Filho. Natal: Argos, 2001. Orelha.

MAHFUZ, Nagib. *O jogo do destino*. Tradução de Ibrahim Georges Khalil. Rio de Janeiro: Record, 2002. Estudo.

MAHFUZ, Nagib. *Miramar*. Tradução de Safa Abou Chahla Jubran. São Paulo: Berlendis & Vertecchia, 2003. Orelha.

MAZARIN, Jules. *Breviário dos políticos*. Tradução de Ana Thereza Vieira. Rio de Janeiro: Lacerda Editores, 1997. Estudo.

MEIRELLES, Domingos. *1930:* os órfãos da revolução. Rio de Janeiro: Record, 2005. Apresentação.

MELLO, Luiz Carlos. *Nise da Silveira:* caminhos de uma psiquiatria rebelde. Rio de Janeiro: Automatica Edições — Hólos, 2014. Prefácio.

MELO FRANCO, Afonso Arinos de. *Tramonto.* Rio de Janeiro: Objetiva, 2013. Orelha.

MERQUIOR, Joé Guilherme. *Verso e universo em Drummond.* São Paulo: É Realizações, 2012. Ensaio.

MINCU, Marin. *O diário de Drácula.* Tradução de Talita Tibola. Belo Horizonte: Autêntica, 2015. Prefácio.

MIRANDA, Ana. *Semíramis.* São Paulo: Companhia das Letras, 2014.

MIRANDA, Ana. *O peso da luz.* Fortaleza: Armazém da Cultura, 2013.

MIRANDA, Ana. *Yuxin:* alma. São Paulo: Companhia das Letras; SESC/SP, 2009. Orelha.

MODIANO, Patrick. *Remissão da pena.* Tradução de Maria de Fátima Couto. Rio de Janeiro: Record, 2015. Orelha.

MONTALE, Eugenio. *Diário póstumo.* Tradução de Ivo Barroso. Rio de Janeiro: Record, 2000. Prefácio.

MUSSA, Alberto. *O enigma de Qaf.* Rio de Janeiro: Record, 2004. Orelha.

NEJAR, Carlos. *Riopampa: moinho de tribulações.* Rio de Janeiro: Bertrand, 2006. Prefácio.

NORÕES, Everardo. *Retábulo de Jerônimo Bosch.* Rio de Janeiro: 7Letras, 2008. Orelha.

OMĂR KHAYYĂM. *Rubaiyát.* Tradução de J. B. de Mello e Souza. Rio de Janeiro: Topbooks, 2013. Apresentação.

PADILHA, Tarcísio. *A ontologia axiológica de Louis Lavelle.* São Paulo: É Realizações, 2012. Orelha.

PATRAQUIM, Luís Carlos. *Pneuma:* poesia. Lisboa: Caminho, 2009. Prefácio.

PEDROSA, Israel. *O universo da cor.* Rio de Janeiro: SENAC, 2003. Prefácio.

PEIXOTO, Mário; MELLO, Saulo Pereira de (org.). *Poemas de permeio com o mar.* Rio de Janeiro: Aeroplano, 2002. Apresentação.

PIÑON, Nélida. *O coração presumível da América.* Rio de Janeiro: Record, 2011. Orelha.

SCHOPENHAUER, Arthur. *O mundo como vontade e representação.* Tradução de M. F. Sá Correia. Rio de Janeiro: Contraponto, 2001. Orelha.

SCHUBACK, Marcia Sá Cavalcante. *Olho a olho: ensaios de longe.* Rio de Janeiro: 7Letras, 2011. Orelha.

SEREBRIAN, Oleg. *Cântecul marii.* Bucareste: Cartier, 2011. Quarta capa.

SILVEIRA, Nise da. *Cartas a Spinoza*. Rio de Janeiro: Francisco Alves, 1995. Prefácio.

TASSO, Torquato; BUENO, Alexei; LYRA, Pedro. *Jerusalém libertada*. Tradução de José Ramos Coelho. Rio de Janeiro: Topbooks, 1998. Estudo.

TEIXEIRA, Faustino. *Buscadores cristãos no diálogo com o islã*. São Paulo: Paulos, 2014. Orelha.

TEIXEIRA, Faustino. *Caminhos da mística*. Paulinas: São Paulo, 2012. Prefácio.

TEIXEIRA, Faustino. *Buscadores do diálogo*: itinerários inter-religiosos. São Paulo: Paulinas, 2012. Prefácio.

VILAÇA, Marcos Vinicius. *De novo presidente*. Rio de Janeiro: ABL, 2011. Orelha.

VILLAÇA, Antonio Carlos. *O nariz do morto*. Prefácio de Alberto da Costa e Silva. Rio de Janeiro: Civilização Brasileira, 2006. Orelha.

Poemas musicados

Fernando Lapa: "Como Perder-se em Tanta Claridade?". Peça para mezzo--soprano, saxofone-alto, acordeão, percussão, guitarra, piano e quarteto de cordas. Seleção de poemas do livro *Sphera*, 2015.

Pablo Sotuyo: "Cantiga de amor", 2015. Do livro *Alma Vênus*.

Marcus Viana: "Artista." Tradução ao português de Rûmî. CD Poemas Místicos de Rûmî, música de Marcus Viana e voz de Letícia Sabatella. Belo Horizonte: Sonhos & Sons, 2008.

Pedro Cintra: "Romança à Noite." Tradução ao português de Georg Trakl, 1993.

Teses sobre o autor

CAVALLO, Patrizia. *Análise das traduções brasileiras de três romances de Umberto Eco*. Dissertação (Mestrado em Letras). UFRGS, Porto Alegre, 2015.

APOLINÁRIO, Debora de Freitas Ramos. *Marco Lucchesi e os olhos do deserto: a experiência poética do caminhante*. Dissertação (Mestrado em Letras). UERJ, Rio de Janeiro, 2012.

POMPEU e SILVA, José Otávio. *A arte na terapia ocupacional de Nise da Silveira*. 2011. Tese (Doutorado do Instituto de Artes). Unicamp, Campinas, 2011.

ANDRADE, F. C. *A transparência impossível: poesia brasileira e hermetismo.* Recife: Editora Bagaço, 2010.

GENNA, Antonella. *Traduzione e poesia nell'opera di Marco Lucchesi, um intellettuale fra Italia e Brasile.* 2004. Monografia (graduação em Literatura Brasileira) — Facoltà di Lettere e Filosofia. Università degli Studi "Tor Vergata" (Roma 2), Roma, 2004.

GURGEL, Nonato. *Seis poetas para o próximo milênio.* Tese (Doutorado em Literatura Comparada). UFRJ, Rio de Janeiro, 2003.

Este livro foi composto na tipologia Classical
Garamond BT, em corpo 11/15, e impresso em
papel Lux Cream 70 g/m² na Intergraf.